인성교육을 위한 청소년 인문학 글쓰기

故事成語
고사성어 필사노트

인성교육을 위한 청소년 인문학 글쓰기

故事成語 고사성어 필사노트

5쇄 인쇄　　2024년 1월 10일
5쇄 발행　　2024년 1월 17일

편저자　　시사정보연구원
발행인　　권윤삼
발행처　　도서출판 산수야

등록번호　　제1-1515호
주소　　　　서울시 마포구 월드컵로 165-4
우편번호　　03962
전화　　　　02-332-9655
팩스　　　　02-335-0674

ISBN 978-89-8097-454-2　　03190

이 도서의 국립중앙도서관 출판시도서목록(CIP)은
서지정보유통지원시스템 홈페이지(http://seoji.nl.go.kr)와
국가자료공동목록시스템(http://www.nl.go.kr/kolisnet)에서 이용하실 수 있습니다.
(CIP제어번호: CIP2019042557)

家家户户 가가호호
苛斂誅求 가렴주구
刻骨難忘 각골난망
刻舟求劍 각주구검

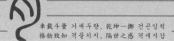
車載斗量 거재두량, 乾坤一擲 건곤일척
格物致知 격물치지, 隔世之感 격세지감

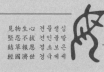
見物生心 견물생심
堅忍不拔 견인불발
結草報恩 결초보은
經國濟世 경국제세

甘呑苦吐 감탄고토
甲男乙女 갑남을녀
康衢煙月 강구연월
去頭截尾 거두절미

刮目相對 괄목상대
矯角殺牛 교각살우
巧言令色 교언영색

孤掌難鳴 고장난명
苦盡甘來 고진감래
曲學阿世 곡학아세
管鮑之交 관포지교

隔靴搔癢 격화소양
牽强附會 견강부회
犬馬之勞 견마지로

九死一生 구사일생
九十春光 구십춘광
九牛一毛 구우일모
九折羊腸 구절양장

인성교육을 위한
청소년 인문학 글쓰기

고사성어
필사노트

시사정보연구원 편저

故事成語

시사패스
SISAPASS.COM

인성교육을 위한 청소년 인문학의 보고『고사성어』

요즘 인성교육이란 말을 흔히 듣습니다. 건전하고 올바른 인성을 갖춘 시민을 육성하여 국가사회의 발전에 이바지함을 목적으로 하는 인성교육법이 시행되고 있기 때문이기도 합니다.

교육현장에서 강조하고 있는 인성교육이란 무엇을 말하는 것일까요?

인성교육이란 자신의 내면을 가꾸고 타인이나 공동체와 더불어 살아가는 데 필요한 역량을 기르는 교육을 말해요. 즉, 우리 내면에 살아 있는 양심을 온전히 계발하여, 언제 어디서나 당면한 문제를 적극적으로 해결하는 '양심적 리더'를 키워 내는 것이지요.

"양심의 명령을 따르는 것이 최고의 인성교육이다."라고 합니다. 이 말이 대변하듯이 우리는 인문학의 지혜를 통해 '양심적 리더'로 성장할 수 있답니다. 우리가 인문학을 공부하는 것은 우리의 내면에 내재되어 있는 양심을 계발하기 위해서지요.

청소년 시기는 내가 무엇을 좋아하고 잘하는지, 어떤 것에 흥미가 있는지, 어떤 삶을 꿈꾸는지, 어떤 사람이 되기를 원하는지 등을 구체적으로 탐구하면서 자신을 되돌아볼 시간이 필요합니다. 자신이 진정으로 원하는 삶과 꿈을 찾기 위해서는 무엇보다 자신을 먼저 알아야 합니다. 자신을 알아가는 과정이 바로 인성교육의 첫걸음이기도 하지요. 타고난 양심을 제대로 계발하려면 학습이 필요합니다. 교과과정에서 깊이 있게 배울 수 없는 것들을 탐구하고 학습하는 것이 필요하지요.

청소년들의 인문학적 소양을 길러 주기 위해 본사는 인성교육을 위한 청소년 인문학 『고사성어 필사노트』를 출간하게 되었습니다.

  옛이야기에서 유래한 고사성어는 주로 네 글자로 이루어져 있어 사자성어라고도 합니다. 세월이 흘러도 변함없이 사용되며 깊고 넓은 삶의 지혜가 담겨 있지요. 고사성어는 교훈·경구·비유·상징어 및 관용구나 속담 등으로 사용되어 우리의 일상 언어생활 표현을 풍부하게 해준답니다.

  우리가 일상생활 언어로 주로 사용하기 때문에 『고사성어 필사노트』를 펼쳐본 학생이라면 익숙한 내용들을 발견하게 될 겁니다. 책이나 매스컴이나 대화에도 자주 등장하는 고사성어들이지만 한자를 잘 몰라서 쉽게 외워지지 않을 수도 있어요. 하지만 이 책으로 한글로 읽고 그 뜻을 새기면서 한자를 적다 보면 어느새 친숙하게 다가올 겁니다.

  『고사성어 필사노트』의 특징 중 하나는 실생활에 바로 적용할 수 있도록 각 고사성어에 생활 적용 예시문을 표기해 두었다는 점입니다. 예시문만 보아도 바로 활용이 가능하기 때문에 읽다 보면 어느새 상황에 맞는 고사성어가 자신도 모르게 입에서 툭 튀어나오는 경험을 하게 될 거예요.

  고사성어 책은 많지만 시사패스에서 발행한 책의 장점은 고사성어를 한자 학습과 함께 익힐 수 있다는 점이에요. 한자 쓰는 순서를 필순이라 하는데 이 책에는 한자마다 필순을 표기해 두었기 때문에 필순에 따라 또박또박 한자를 쓰다 보면 글만 읽었을 때보다 훨씬 빨리 고사성어를 익힐 수 있어요. 이는 과학적으로 검증된 학습방법이기도 해요.

  언젠가 책에서 보았던 내용을 사용하고 싶은데 기억이 잘 나지 않았거나 알 듯 말 듯 답답하고 당황스러운 순간들을 경험한 적은 없었나요? 이처럼 당황스러운 순간들은 글만 쓱 읽고 지나갔을 때 더 많이 나타난다고 해요. 이제는 시사패스에서 출간한 『고사성어 필사노트』로 고사성어를 한글과 한자로 읽고 차근차근 따라 쓰면서 내 것으로 만들어 보세요.

이 책의 특징

대입 수능에 등장하는 고사성어, 덤으로 얻는 학습효과!

고사성어를 알고 있으면 대화나 문학 작품 등을 읽을 때 뜻이 쉽게 이해되어 이해력이 높아져 숨은 뜻을 파악하기 쉽답니다. 이 책에서는 우리의 일상에서 쓰임새가 높을 뿐만 아니라 교과서에 등장하는 고사성어들을 가려 뽑았기 때문에 대입 수능 대비뿐만 아니라 학습효과도 덤으로 얻을 수 있어요.

어휘력과 독해력, 고사성어로 일취월장하다!

고사성어는 옛이야기를 바탕으로 풀어 놓은 책들이 대부분이랍니다. 그러다 보니 고사성어가 만들어진 배경은 쉽게 이해되지만, 시간이 지나면 어떤 상황에서 쓰이게 되었는지, 또 내가 어떤 상황에서 사용해야 하는지 잘 모르는 경우가 많아요. 《고사성어 필사 노트》에서는 고사성어의 뜻과 함께 어떤 상황에서 사용하는지 예문을 통해서 바로 활용할 수 있도록 구성했어요. 고사성어를 이루고 있는 한자의 뜻을 생각하며 전체적인 의미를 유추하는 연습도 함께할 수 있기 때문에 어휘력과 독해력에도 도움을 준답니다.

어느 순간 고사성어가 툭, 설득력과 호소력 있는 학생으로 거듭나다!

눈으로 보고, 입으로 말하고, 손으로 쓰면서 고사성어를 익히다 보면 나도 모르게 상황에 맞는 고사성어가 입에서 툭 튀어나오게 된답니다. 적절한 상황에서 사용하는 고사성어 한마디는 길고 복잡한 어떠한 설명보다도 호소력 짙은 설득력을 가진답니다.

가나다순 정렬, 필순도 익히면서 한자 학습 가능!

가나다순으로 고사성어가 정렬되어 있어 찾아보기가 편리해요. 한자를 쓰는 순서인 필순이 표기되어 있어 여러분들이 스스로 한자를 익힐 수 있답니다. 필순에 따라 한자를 또박또박 쓰다 보면 예쁘게 한자를 쓸 수 있을 뿐만 아니라 자신만의 글씨체도 교정할 수 있어요. 마음이 차분해지고 생각이 깊어지며 기억에 오래 남는 한자 학습은 덤이랍니다.

청소년 인성교육 고사성어 필사노트
이렇게 활용하세요!

＊ 고사성어는 주로 네 글자로 이루어져 있어 사자성어라고도 합니다. 세월이 흘러도 변함없이 사용되며 깊고 넓은 삶의 지혜가 담겨 있지요. 고사성어는 교훈·경구·비유·상징어 및 관용구나 속담 등으로 사용되어 우리의 일상 언어생활 표현을 풍부하게 해준답니다. 마음에 새겨놓으면 꼭 필요한 상황에 지혜를 발휘할 수 있답니다.

＊ 매일매일 고사성어 문장을 하나씩 소리 내어 익혀봅시다. 스스로 학습 시간을 정해서 고사성어를 소리 내어 읽고 직접 손으로 쓰면서 마음에 새기도록 합니다. 우리의 생활에 꼭 필요한 관용구나 상징어들을 담고 있기 때문에 내면이 바르고 성숙한 인격체로 성장할 수 있도록 도와줍니다.

＊ 두뇌 발달과 사고력 증가, 집중력 강화에 좋아요. 우리의 뇌에는 손과 연결된 신경세포가 가장 많습니다. 손가락을 많이 움직이면 뇌세포가 자극을 받아 두뇌 발달을 돕게 됩니다. 어르신들의 치료와 질병 예방을 위해 손가락 운동을 권장하는 것도 뇌를 활성화시키기 위해서랍니다. 많은 연구자들의 실험결과가 증명하듯 글씨를 쓰면서 학습하면 우리의 뇌가 활성화되고 기억력이 증진되어 학습효과가 월등히 좋아진답니다.

＊ 혼자서도 맵시 있고, 단정하고, 예쁘고 바른 글씨체를 익힐 수 있습니다. 고사성어를 쓰다 보면 삐뚤빼뚤하던 글씨가 가지런하고 예쁜 글씨로 바뀌게 된답니다. 글씨는 예부터 인격을 대변한다고 하잖아요. 고사성어를 익히면서 가장 효율적인 학습효과를 내는 스스로 학습하는 힘을 길러줌과 동시에 단정하고 예쁜 글씨를 쓸 수 있도록 이끌어 줄 거예요.

★ 한자의 형성 원리

1. 상형문자(象形文字) : 사물의 모양과 형태를 본뜬 글자

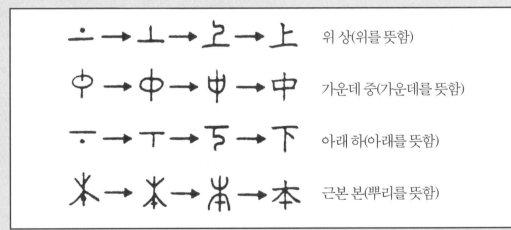

☼ → ⊙ → 日 → 日	날 일(해의 모양)
→ 月 → 月 → 月	달 월(달의 모양)
→ → → 子	아들 자(아들의 모양)
👁 → → → 目	눈 목(눈의 모양)

2. 지사문자(指事文字) : 사물의 모양으로 나타낼 수 없는 뜻을 점이나 선
또는 부호로 나타낸 글자

∴ → ⊥ → → 上	위 상(위를 뜻함)
→ → → 中	가운데 중(가운데를 뜻함)
→ → → 下	아래 하(아래를 뜻함)
朮 → → → 本	근본 본(뿌리를 뜻함)

3. 회의문자(會意文字) : 이미 만들어진 글자를 2개 이상 합한 글자

人(사람 인) + 言(말씀 언) = 信(믿을 신) : 사람의 말은 믿는다.

田(밭 전) + 力(힘 력) = 男(사내 남) : 밭에서 힘써 일하는 사람.

日(날 일) + 月(달 월) = 明(밝을 명) : 해와 달이 밝다.

人(사람 인) + 木(나무 목) = 休(쉴 휴) : 사람이 나무 아래서 쉬다.

① 동체회의(同體會意) : 같은 글자를 합한 것

　　月+月=朋　　　　　日+日=昌　　　　　　　匕+匕=比　　　　　　　立+立=竝

② 이체회의(異體會意) : 다른 글자를 합한 것

　　十+口=古　　　　　人+立=位　　　　　　　口+鳥=鳴　　　　　　　木+日=東

③ 생체회의(省體會意) : 두 글자가 합칠 때 일부분을 줄여서 합한 것

　　老+子=孝　　　　　羊+我=義　　　　　　　營+力=勞

4. 형성문자(形聲文字) : 뜻을 나타내는 부분과 음을 나타내는 부분을 합한 글자

　　口(큰입 구)＋未(아닐 미) ＝ 味(맛볼 미)　　　　左意右音좌의우음

　　工(장인 공)＋力(힘 력) ＝ 功(공 공)　　　　　右意左音우의좌음

　　田(밭 전)＋介(끼일 개) ＝ 界(지경 계)　　　　上意下音상의하음

　　相(서로 상)＋心(마음 심) ＝ 想(생각 상)　　　下意上音하의상음

　　口(큰입 구)＋古(옛 고) ＝ 固(굳을 고)　　　　外意內音외의내음

　　門(문 문)＋口(입 구) ＝ 問(물을 문)　　　　　內意外音내의외음

5. 전주문자(轉注文字) : 있는 글자에 그 소리와 뜻을 다르게 굴리고(轉) 끌어내어(注) 만든 글자

　　樂(풍류 악) → (즐길 락 · 좋아할 요)　　　　예) 音樂(음악), 娛樂(오락)

　　惡(악할 악) → (미워할 오)　　　　　　　　예) 善惡(선악), 憎惡(증오)

　　長(긴 장) → (어른 · 우두머리 장)　　　　　예) 長短(장단), 課長(과장)

6. 가차문자(假借文字) : 본 뜻과 관계없이 음만 빌어 쓰는 글자를 말하며 한자의 조사,
　　　　　　　　　　　동물의 울음소리, 외래어를 한자로 표기할 때 쓰인다.

　　東天紅(동천홍) → 닭의 울음소리

　　然(그럴 연) → 그러나(한자의 조사)

　　亞米利加(아미리가) → America(아메리카)

　　可口可樂(가구가락) → Cocacola(코카콜라)

　　弗(불) → $(달러, 글자 모양이 유사함)

　　伊太利(이태리) → Italy(이탈리아)

　　亞細亞(아세아) → Asia(아세아)

★ 한자 쓰기의 기본 원칙

1. 위에서 아래로 쓴다.
   言(말씀 언) → ` ´ ´´ ´´ 言 言 言
   雲(구름 운) → ` ´ ´´ ´´ 雨 雨 雨 雲 雲 雲

2. 왼쪽에서 오른쪽으로 쓴다.
   江(강 강) → ` ` ` 氵 汀 江 江
   例(법식 예) → ´ 亻 亻 亻 例 例 例 例

3. 가로획과 세로획이 겹칠 때는 가로획을 먼저 쓴다.
   用(쓸 용) →) 几 月 月 用
   共(함께 공) → 一 十 뀨 井 共 共

4. 삐침과 파임이 만날 때는 삐침을 먼저 쓴다.
   人(사람 인) → 丿 人
   文(글월 문) → ` 亠 亠 文

5. 좌우가 대칭될 때에는 가운데를 먼저 쓴다.
   小(작을 소) → 亅 小 小
   承(받들 승) → ` 了 了 手 手 承 承 承

6. 둘러 싼 모양으로 된 자는 바깥쪽을 먼저 쓴다.
   同(같을 동) →) 几 凡 同 同 同
   病(병날 병) → ` 亠 广 广 疒 疒 疒 病 病 病

7. 글자를 가로지르는 가로획은 나중에 긋는다.
   女(여자 녀) → 〈 女 女
   母(어미 모) → 〈 囗 囗 囗 母

8. 글자 전체를 꿰뚫는 세로획은 나중에 쓴다.
   車(수레 거) → 一 ¯ 厂 戸 百 亘 車
   事(일 사) → 一 ¯ 厂 戸 玾 写 写 事

9. 책받침(辶, 廴)은 나중에 쓴다.

近(원근 근) → ´ ⺁ ⺁ 斤 斤 沂 近 近

建(세울 건) → ⁷ ⁷ ⺕ ⺕ ⺕ 聿 律 建 建

10. 오른쪽 위에 점이 있는 글자는 그 점을 나중에 찍는다.

犬(개 견) → 一 ナ 大 犬

成(이룰 성) → ノ 厂 厂 厅 成 成 成

■ 한자의 기본 점(點)과 획(劃)

  (1) 점

    ① 「 ´ 」: 왼점   ② 「 丶 」: 오른점

    ③ 「 丶 」: 오른 치킴   ④ 「 ´ 」: 오른점 삐침

  (2) 직선

    ⑤ 「 一 」: 가로긋기   ⑥ 「 丨 」: 내리긋기

    ⑦ 「 ⁻ 」: 평갈고리   ⑧ 「 亅 」: 왼 갈고리

    ⑨ 「 �har 」: 오른 갈고리

  (3) 곡선

    ⑩ 「 ノ 」: 삐침   ⑪ 「 丷 」: 치킴

    ⑫ 「 丶 」: 파임   ⑬ 「 辶 」: 받침

    ⑭ 「) 」: 굽은 갈고리   ⑮ 「 乀 」: 지게다리

    ⑯ 「 乀 」: 누운 지게다리 ⑰ 「 乚 」: 새가슴

少 ① ②	火 ③ ④	主 ⑤	伸 ⑥	揮 ⑦ ⑧	表 ⑨
冷 ⑩ ⑪ ⑫	送 ⑬	乎 ⑭	式 ⑮	忠 ⑯	兄 ⑰

11

家家戶戶

가가호호

한 집 한 집. 집집마다. 모든 집을 말해요.

실생활 적용 예시문

삼일절에 태극기가 가가호호 휘날리고 있다.

家	家				
집 가	`, 宀宀宀宇家家`				
家	家				
집 가	`, 宀宀宀宇家家`				
戶	戶				
집 호	`, ㄹㄱ戶`				
戶	戶				
집 호	`, ㄹㄱ戶`				

苛斂誅求

가렴주구

세금을 가혹하게 거두어들이고, 무리하게 재물을 빼앗는 것을 말해요.

실생활 적용 예시문

왕실의 가렴주구 때문에 백성들이 난리를 일으켰다.

苛	苛				
가혹할 가	`一艹艹艹芐芐苛苛`				
斂	斂				
거둘 렴,거둘 염	`ᆺ ᆺ 今 今 命 愈 僉 僉 斂 斂 斂`				
誅	誅				
벨 주	`一 ᆮ 言 言 言 訁 訐 訣 誅`				
求	求				
구할 구	`一 十 寸 才 求 求 求`				

刻骨難忘

각골난망

남에게 입은 은혜가 뼈에 새길 만큼 커서 잊히지 아니한다는 뜻이에요.

실생활 적용 예시문

그동안 보살펴 주신 은혜는 실로 각골난망입니다.

刻	刻				
새길 각	`一 亠 亥 亥 亥 刻 刻`				
骨	骨				
뼈 골	`丨 冂 冂 冂 凸 骨 骨`				
難	難				
어려울 난	`一 艹 艹 莒 莒 菓 菓 難 難 難 難`				
忘	忘				
잊을 망	`, 亠 亡 忘 忘`				

刻舟求劍

각주구검

초나라 사람이 칼을 강물에 떨어뜨리자 뱃전에 그 자리를 표시했다가 배가 움직인 것을 생각하지 않고 칼을 찾았다는 데서 유래해요. 융통성 없이 낡은 생각을 고집하는 어리석음을 이르는 말이에요.

실생활 적용 예시문

어리석고 융통성이 없는 게 꼭 각주구검이구나.

刻					
새길 각	ᅳ ナ ぅ 亥 亥 刻				
舟					
배 주	' ⺁ 力 力 舟 舟				
求					
구할 구	一 十 寸 才 求 求 求				
劍					
칼 검	ᐟ ᐟ 刍 刍 刍 刍 刍 劍				

甘吞苦吐

감탄고토

달면 삼키고 쓰면 뱉는다는 뜻으로, 자신의 비위에 따라서 사리의 옳고 그름을 판단함을 말해요.

실생활 적용 예시문

친구들이 보이는 감탄고토의 자세에 실망이야.

甘					
달 감	一 十 廿 廿 甘				
吞					
삼킬 탄	' 二 チ 天 禾 呑 吞				
苦					
쓸 고	一 ⺾ ⺾ 岦 带 苦 苦 苦				
吐					
토할 토	ᐠ 口 口 口 吐 吐				

甲男乙女

갑남을녀

甲(갑)이라는 남자와 乙(을)이라는 여자라는 뜻으로, 신분이나 이름이 알려지지 아니한 평범한 사람들을 이르는 말이에요.

실생활 적용 예시문

나는 사람을 좋아하는 갑남을녀 중 하나요.

甲					
갑옷 갑	ᐟ 冂 曰 日 甲				
男					
사내 남	ᐟ 冂 曰 田 田 罗 男				
乙					
새 을	乙				
女					
여자 녀	く 女 女				

13

康衢煙月

강구연월

번화한 큰 길거리에서 달빛이 연기에 은은하게 비치는 모습을 나타내는 말로, 태평한 세상의 평화로운 풍경을 이르는 말이에요.

실생활 적용 예시문

경상 수영은 엄숙한 진터가 아니라, 마치 강구연월을 노래하는 놀이터 같았다.

康	康				
편안 강	` ﹖ 广 庐 庐 庐 庐 唐 康 康				
衢	衢				
네거리·갈 구	´ 彳 彳 彳 彳 彳 衢 衢 衢 衢 衢 衢				
煙	煙				
연기 연	` ﹀ 火 炬 炳 炳 炬 煙				
月	月				
달 월	﹀ 刀 月 月				

改過遷善

개 과 천 선

지난날의 잘못이나 허물을 고쳐 올바르고 착하게 된다는 뜻이에요.

실생활 적용 예시문

그 죄인은 사형을 면하고 개과천선의 기회를 얻었다.

改	改				
고칠 개	` ﹖ 己 己 改 改 改				
過	過				
지날 과	﹀ 冂 冂 冃 丹 咼 渦 過				
遷	遷				
옮길 천	` ﹕ 兀 兀 西 要 票 票 遷 遷				
善	善				
착할 선	` ﹕ 羊 羊 羔 善 善 善				

去頭截尾

거 두 절 미

머리와 꼬리를 잘라버린다는 뜻으로, 앞뒤를 생략하고 본론으로 들어가는 것을 뜻해요.

실생활 적용 예시문

복잡한 사건들을 거두절미하고 이야기할게.

去	去				
갈 거	﹀ 十 土 去 去				
頭	頭				
머리 두	` ﹀ 豆 豆 豇 頭 頭 頭				
截	截				
끊을 절	﹀ 士 圡 圭 查 截 截 截				
尾	尾				
꼬리 미	﹀ 乛 尸 尸 尸 屋 尾				

車載斗量

거재두량

수레에 싣고 말로 된다는 뜻으로, 물건이나 인재 따위가 많아서 그다지 귀하지 않음을 이르는 말이에요.

실생활 적용 예시문

항복하는 자가 거재두량으로 많았다.

車 수레 거	車	一 厂 厅 厅 百 亘 車			
載 실을 재	載	一 十 土 吉 吉 車 車 載 載 載			
斗 말 두	斗	` ` 二 斗			
量 헤아릴 량	量	口 日 旦 昌 昌 量 量 量			

乾坤一擲

건곤일척

주사위를 던져 승패를 건다는 뜻으로, 운명을 걸고 단판걸이로 승부를 겨룸을 이르는 말이에요.

실생활 적용 예시문

건곤일척의 혈투를 벌이다.

乾 하늘 건	乾	一 十 古 古 卓 卓 乾			
坤 땅 곤	坤	一 十 土 圹 圹 圷 坤 坤			
一 한 일	一	一			
擲 던질 척	擲	一 扌 扌 扩 扩 扩 扩 捎 捎 捎 捎 摍 擲			

格物致知

격물치지

실제 사물의 이치를 연구하여 지식을 완전하게 함을 말해요.

실생활 적용 예시문

조선 초기에는 격물치지를 존중하는 경험적 학풍이 지배적이었다.

格 격식 격	格	一 十 才 木 杉 枚 枚 格 格			
物 물건 물	物	ノ ト 牛 牛 牜 物 物 物			
致 이를 치	致	一 エ エ 互 至 至 到 致 致 致			
知 알 지	知	ノ 二 矢 矢 知 知 知			

隔世之感

격세지감

오래지 않은 동안에 몰라보게 변하여 아주 다른 세상이 된 것 같은 느낌이나 많은 변화가 있었음을 비유하는 말이에요.

실생활 적용 예시문

오랜만에 찾은 고향의 모습이 많이 달라져 격세지감이었다.

隔	隔				
사이 뜰 **격**	`  ` ` 阝 阝` 阿 隔 隔 隔				
世	世				
인간 세	一 十 卅 世 世				
之	之				
갈 **지**	` ` ` ` 之				
感	感				
느낄 **감**, 한할 **감**	丿 厂 厂 厂 咸 咸 咸 感 感				

隔靴搔痒

격화소양

신을 신고 발바닥을 긁는다는 뜻으로, 성에 차지 않거나 철저하지 못한 안타까움을 이르는 말이에요.

실생활 적용 예시문

이번에 나온 정책은 격화소양일 뿐이다.

隔	隔				
사이 뜰 **격**	`  ` ` 阝 阝` 阿 隔 隔 隔				
靴	靴				
신(신발) **화**	一 卄 廿 芇 苩 茾 革 革 靪 靪 靴				
搔	搔				
긁을 **소**	一 十 扌 护 护 搔 搔 搔 搔 搔				
痒	痒				
가려울 **양**	` ` 广 广 疒 疒 疾 痒 痒				

牽强附會

견강부회

이치에 맞지 않는 말을 억지로 끌어 붙여 자기에게 유리하게 한다는 뜻이에요.

실생활 적용 예시문

그 말은 현재의 상황을 넘겨 보려는 견강부회일 뿐이다.

牽	牽				
이끌, 끌 **견**	亠 亠 玄 玄 牽 牽 牽 牽				
强	强				
강할 **강**	` 弓 弨 弨 强 强 强 强				
附	附				
붙을 **부**	` 阝 阝 阼 阼 附 附				
會	會				
모일 **회**	丿 人 人 合 合 命 侖 會 會 會				

16

犬馬之勞

견마지로

개나 말의 하찮은 힘이라는 뜻으로, 윗사람에게 충성을 다하는 자신의 노력을 낮추어 이르는 말이에요.

실생활 적용 예시문

민족을 위해서 견마지로의 충성을 다하겠습니다.

犬	犬				
개 견	一ナ大犬				
馬	馬				
말 마	丨厂厂馬馬馬				
之	之				
갈 지	丶亠之				
勞	勞				
일할 로	丶丷丷炏炏炏学勞				

見物生心

견물생심

어떠한 실물을 보게 되면 그것을 가지고 싶은 욕심이 생긴다는 뜻이에요.

실생활 적용 예시문

광고는 견물생심을 유도하기도 한다.

見	見				
볼 견	丨冂冃目目貝見				
物	物				
물건 물	丿亠牛牛牜牞物物				
生	生				
날 생	丿亠牛牛生				
心	心				
마음 심	丿心心心				

堅忍不拔

견인불발

굳게 참고 견디어 마음이 흔들리지 않음을 말해요.

실생활 적용 예시문

견인불발의 자세로 회사를 경영하겠습니다.

堅	堅				
굳을 견	一丅丆丮丮臣臤臤堅堅				
忍	忍				
참을 인	乛刀刃忍忍忍				
不	不				
아닐 부, 아닐 불	一丆不不				
拔	拔				
뽑을 발	一亅扌扌扙扙扙拔				

結草報恩

결초보은

'풀을 묶어서 은혜를 갚는다'는 뜻으로, 죽은 뒤에라도 은혜를 잊지 않고 갚음을 이르는 말이에요.

실생활 적용 예시문

이 은혜는 잊지 않고 언젠가 결초보은하겠습니다.

結	結				
맺을 결	ㄥ ㄠ ㅗ 糸 糾 紝 結 結				
草	草				
풀 초	一 十 卄 芇 芇 苜 苴 草				
報	報				
갚을 보	一 十 土 ㅏ 幸 幸 幸 郣 報 報				
恩	恩				
은혜 은	冂 冃 丙 因 因 恩 恩				

經國濟世

경국제세

나라를 잘 다스려 세상을 구제한다는 말이에요.

실생활 적용 예시문

그는 경국제세의 사상을 배울 수 있는 분야를 공부할 예정이다.

經	經				
지날 경	ㄥ ㄠ ㅗ 糸 糽 經 經 經				
國	國				
나라 국	冂 冂 冃 囯 國 國 國 國				
濟	濟				
건널 제	氵 广 疒 疒 浐 浐 湾 湾 濟 濟				
世	世				
인간 세	一 十 卅 世 世				

敬而遠之

경이원지

겉으로는 공경하는 체하면서 실제로는 꺼리어 멀리함을 뜻해요.

실생활 적용 예시문

저들이 우리를 경이원지하는 것 같아.

敬	敬				
공경 경	一 十 卄 艿 芍 苟 苟 敬 敬				
而	而				
말 이을 이	一 丆 冃 而 而 而				
遠	遠				
멀 원	一 十 土 吉 吉 声 幸 幸 袁 遠 遠				
之	之				
갈 지	丶 ㄥ 之				

鷄卵有骨

계란유골

달걀에도 뼈가 있다는 뜻으로, 운수가 나쁜 사람은 모처럼 좋은 기회를 만나도 역시 일이 잘 안됨을 이르는 말이에요.

실생활 적용 예시문

계란유골이라더니 하는 일마다 번번하게 실패를 한다.

鷄	鷄				
닭 계	´ ´´ ´´ ´´ ´´ ´´ ´´ ´´ ´´ 鷄 鷄 鷄				
卵	卵				
알 란	´ ´ ´ ´ ´ ´ 卵				
有	有				
있을 유	ノ ナ 才 有 有 有				
骨	骨				
뼈 골	ι 冂 冂 冎 冎 骨 骨 骨				

股肱之臣

고굉지신

다리와 팔같이 중요한 신하라는 뜻으로, 임금이 가장 신임하는 신하를 이르는 말이에요.

실생활 적용 예시문

아무리 고굉지신이어도 부정을 저질렀으면 책임을 져야 한다.

股	股				
넓적다리 고	ノ 刀 月 月 肥 股 股				
肱	肱				
팔뚝 굉	ノ 刀 月 肘 肚 肱 肱				
之	之				
갈 지	` 亠 之				
臣	臣				
신하 신	一 丅 五 五 臣 臣				

膏粱珍味

고량진미

기름진 고기와 좋은 곡식으로 만든 맛있는 음식을 말해요.

실생활 적용 예시문

고량진미도 자기 입에 안 맞으면 그만이다.

膏	膏				
기름 고	` 亠 亠 产 高 高 膏 膏				
粱	粱				
기장 량	; 汀 汀 沙 沙 沙 洌 涇 梁 粱				
珍	珍				
보배 진	一 丅 王 玠 玠 珍 珍				
味	味				
맛 미	冂 口 口 吁 哖 味 味				

孤掌難鳴

고장난명

외손뼉은 울릴 수 없다는 뜻으로, 혼자서는 어떤 일을 이룰 수 없다는 말. 상대 없이는 싸움이 일어나지 않음을 이르는 말이에요.

실생활 적용 예시문

고장난명이라고 둘이 똑같으니깐 싸우는 거야.

孤					
외로울 고 ` 了 孑 孑 矿 孤 孤 孤					
掌					
손바닥 장 ` `` `` 尚 尚 尚 掌 掌 掌					
難					
어려울 난 一 卄 卄 哲 苎 莫 莫 嚢 嚢 嚢 難 難 難					
鳴					
울 명 ` 口 吖 吖 咱 鳴 鳴					

苦盡甘來

고진감래

쓴 것이 다하면 단 것이 온다는 뜻으로, 고생 끝에 즐거움이 옴을 이르는 말이에요.

실생활 적용 예시문

고진감래라더니 이렇게 좋은 일도 있구나.

苦					
쓸 고 一 十 卄 廾 芏 芢 芢 苦 苦					
盡					
다할 진 ` ⺨ 孝 聿 聿 書 書 畵 畵 盡					
甘					
달 감 一 十 卄 甘 甘					
來					
올 래 一 厂 厂 夾 來 來 來 來					

曲學阿世

곡학아세

바르지 못한 학문으로 세상 사람에게 아첨함을 이르는 말이에요.

실생활 적용 예시문

곡학아세를 일삼는 그런 부류와는 상종하고 싶지 않다.

曲					
굽을 곡 ` 冂 冂 冉 曲 曲					
學					
배울 학 ` ` ` ` ` ` 臼 臼 臼 興 學 學 學					
阿					
언덕 아 ` ` ⻖ ⻖ 阿 阿 阿 阿					
世					
인간 세 一 十 卄 卋 世					

管鮑之交

관포지교

관중과 포숙의 사귐이란 뜻으로, 우정이 아주 돈독한 친구 관계를 이르는 말이에요.

실생활 적용 예시문

'관포지교' 와 같은 우정을 나눌 수 있는 친구가 있으면 좋겠어.

管					
대롱 관	ノ ト ゲ ゲ 竺 竺 竺 竺 管				
鮑					
절인 물고기 포	ノ ク ゥ ゟ 刍 刍 刍 魚 魚 釖 釣 鉋 鮑				
之					
갈 지	丶 ラ 之				
交					
사귈 교	丶 亠 ナ 六 交 交				

刮目相對

괄목상대

눈을 비비고 상대편을 본다는 뜻으로, 남의 학식이나 재주가 놀랄 만큼 부쩍 늚을 이르는 말이에요.

실생활 적용 예시문

프로선수는 괄목상대의 기량을 과시하며 우승했어.

刮					
긁을 괄	ノ ニ 千 舌 舌 舌 刮 刮				
目					
눈 목	丨 冂 冂 月 目				
相					
서로 상	一 十 才 木 机 相 相 相 相				
對					
대할 대	∥ ∥ ≝ ≝ 丵 對 對				

矯角殺牛

교각살우

'쇠뿔을 바로잡으려다 소를 죽인다' 는 뜻으로, 결점이나 흠을 고치려다 수단이 지나쳐 도리어 일을 그르침을 말해요.

실생활 적용 예시문

게임중독이라 단정하는 교각살우의 어리석음을 범하지 마라.

矯					
바로잡을 교	ノ 仁 ㇏ 矢 矢 矢 矫 矯 矯 矯				
角					
뿔 각	ノ ク 角 角 角 角 角				
殺					
죽일 살	ノ メ ㇏ 辛 辛 希 希 希 殺 殺 殺				
牛					
소 우	ノ 仁 느 牛				

巧言令色

교언영색

남에게 잘 보이려고 그럴듯하게 꾸며 대는 말과 알랑거리는 태도를 말해요.

실생활 적용 예시문

회장은 자신의 직선적인 말과 태도가 교언영색보다는 낫지 않으냐고 반문했다.

巧	巧				
공교할 교	`` ̄ 丁 丅 巧				
言	言				
말씀 언	` 亠 亠 言 言 言 言				
令	令				
하여금 영	丿 人 스 今 令				
色	色				
빛 색	丿 ク 夕 多 色 色				

九死一生

구사일생

아홉 번 죽을 뻔하다 한 번 살아난다는 뜻으로, 죽을 고비를 여러 차례 넘기고 겨우 살아남을 이르는 말이에요.

실생활 적용 예시문

구사일생으로 목숨을 건졌다고 기뻐했어.

九	九				
아홉 구	丿 九				
死	死				
죽을 사	̄ 厂 歹 歹 死 死				
一	一				
한 일	一				
生	生				
날 생	丿 仁 仁 牛 生				

九十春光

구십춘광

석 달 동안의 화창한 봄 날씨를 말해요.

실생활 적용 예시문

구십춘광 피던 꽃도 하룻밤의 비바람에 오간 데 없구나.

九	九				
아홉 구	丿 九				
十	十				
열 십	一 十				
春	春				
봄 춘	一 二 三 丰 夫 未 春 春				
光	光				
빛 광	丨 丨 丷 半 光 光				

九牛一毛
구우일모

아홉 마리의 소 가운데 박힌 하나의 털이란 뜻으로, 매우 많은 것 가운데 극히 적은 수를 말해요.

실생활 적용 예시문

그들이 저지른 행위는 구우일모에 지나지 않습니다.

九	九				
아홉 구	ノ 九				
牛	牛				
소 우	ノ ト 二 牛				
一	一				
한 일	一				
毛	毛				
털 모	ノ 二 三 毛				

九折羊腸
구절양장

아홉 번 꼬부라진 양의 창자라는 뜻으로, 꼬불꼬불하며 험한 산길을 이르는 말이에요.

실생활 적용 예시문

깊은 산속 계곡을 따라 난 그 길은 구절양장이었어.

九	九				
아홉 구	ノ 九				
折	折				
꺾을 절	一 † † 扌 折 折 折				
羊	羊				
양 양	丶 丷 ᅩ 꼬 드 羊 羊				
腸	腸				
창자 장	刀 月 肝 胛 朋 腸 腸				

群鷄一鶴
군계일학

닭의 무리 가운데에서 한 마리의 학이란 뜻으로, 많은 사람 가운데서 뛰어난 인물을 이르는 말이에요.

실생활 적용 예시문

많은 사람 틈에서도 그는 군계일학 격으로 두드러져 보였다.

群	群				
무리 군	ㄱ ㅋ ㅋ 尹 君 君 群 群 群				
鷄	鷄				
닭 계	一 ᄼ ᅩ 公 恐 奚 爱 郛 郛 鷄 鷄 鷄				
一	一				
한 일	一				
鶴	鶴				
학 학	一 ᅳ 才 才 生 隹 雀 鹤 鹤 鹤 鹤 鶴 鶴				

群雄割據

군웅할거

여러 영웅이 각기 한 지방씩 차지하고 위세를 부린다는 뜻이에요.

실생활 적용 예시문

춘추전국 시대는 군웅할거 시대였다.

群	群				
무리 군	⁊ ⁊ ⁊ ⁊ 尹 君 君 君 群 群				
雄	雄				
수컷 웅	ナ ナ ナ 써 써 雄 雄 雄				
割	割				
벨 할	` 宀 宀 宀 害 害 害 割				
據	據				
근거 거	一 十 扌 扌 扩 护 护 护 挔 據 據				

勸善懲惡

권선징악

착한 일을 권장하고 악한 일을 징계함을 뜻해요.

실생활 적용 예시문

고대 소설의 주제는 권선징악이 대부분이다.

勸	勸				
권할 권	⼀ ⺊ ⺊ ⽢ 莭 莭 荏 雚 雚 雚 勸 勸				
善	善				
착할 선	⺍ ⼖ 羊 羊 羔 善 善				
懲	懲				
징계할 징	⼻ 彳 彳 徻 徵 徵 懲				
惡	惡				
악할 악	一 下 亞 亞 亞 惡 惡				

捲土重來

권토중래

어떤 일에 실패한 뒤에 힘을 가다듬어 다시 그 일에 착수함을 비유하여 이르는 말이에요.

실생활 적용 예시문

지난번 실패를 거울삼아 권토중래의 각오를 새롭게 하였다.

捲	捲				
거둘 권	一 十 扌 扩 捫 拦 拦 拦 捲				
土	土				
흙 토	一 十 土				
重	重				
무거울 중	⼃ ⼆ 台 亩 亩 重 重				
來	來				
올 래	一 厂 厂 厂 厸 厸 來 來				

近墨者黑

근묵자흑

먹을 가까이하면 검어진다는 뜻으로, 나쁜 사람을 가까이하면 그 버릇에 물들기 쉽다는 뜻이에요.

실생활 적용 예시문

부모님은 어렸을 적부터 근묵자흑이라며 좋은 친구들과 사귀어야 한다고 말씀하셨다.

近	近				
가까울 근	′ ｢ ｢ 斤 沂 近				
墨	墨				
먹 묵	冂 冃 罒 里 黑 墨 墨				
者	者				
놈 자	⼟ ⼠ ⽑ 者 者 者				
黑	黑				
검을 흑	冂 冃 罒 里 里 黑 黑				

金科玉條

금과옥조

금이나 옥처럼 귀중히 여겨 꼭 지켜야 할 법칙이나 규정을 말해요.

실생활 적용 예시문

나는 모든 일에 최선을 다하라는 아버님의 말을 금과옥조로 삼고 있다.

金	金				
쇠 금	′ 人 스 쇼 全 余 余 金				
科	科				
과목 과	⼆ 千 禾 禾 利 科 科				
玉	玉				
구슬 옥	⼀ ⼆ 千 王 玉				
條	條				
가지 조	′ ⺅ ⺅ ⺅ ⼴ 攸 修 條 條				

錦上添花

금상첨화

비단 위에 꽃을 더한다는 뜻으로, 좋은 일에 또 좋은 일이 더하여짐을 이르는 말이에요.

실생활 적용 예시문

성격도 좋고 얼굴까지 잘생겼다니 금상첨화야.

錦	錦				
비단 금	⼈ ⼆ 쇼 쇼 金 金 釦 鈤 錦 錦				
上	上				
윗 상	｜ ⼁ 上				
添	添				
더할 첨	⼁ ⼆ 氵 沃 添 添 添				
花	花				
꽃 화	⼀ ⼀ ⺿ ⺾ 龙 花 花				

金石盟約

금석맹약

쇠나 돌처럼 굳고 변함없는 약속을 말해요.

실생활 적용 예시문

민우가 한 약속이 바로 금석맹약이었구나.

金	金				
쇠 금	ノ 人 스 스 수 수 余 金				
石	石				
돌 석	一 ア ズ 石 石				
盟	盟				
맹세 맹	丨 丬 日 日 明 明 明 明 盟 盟				
約	約				
맺을 약	' 幺 牟 糸 糺 約 約				

錦衣夜行

금의야행

비단옷을 입고 밤길을 다닌다는 뜻으로, 아무 보람이 없는 일을 함을 이르는 말이에요.

실생활 적용 예시문

내가 어제 한 일이 금의야행 같구나.

錦	錦				
비단 금	ノ ᅩ 牟 牟 金 金' 鈤 鉑 錦 錦				
衣	衣				
옷 의	` 一 ナ 亣 才 衣				
夜	夜				
밤 야	一 广 广 �011 夜 夜 夜				
行	行				
다닐 행	' ノ 彳 彳 行 行				

錦衣還鄉

금의환향

비단옷 입고 고향에 돌아온다는 뜻으로, 출세하여 고향에 돌아옴을 이르는 말.

실생활 적용 예시문

부모는 자녀의 금의환향을 꿈꾼다.

錦	錦				
비단 금	ノ ᅩ 牟 牟 金 金' 鈤 鉑 錦 錦				
衣	衣				
옷 의	` 一 ナ 亣 才 衣				
還	還				
돌아올 환	7 罒 罒 咢 咢 睘 睘 還 還				
鄉	鄉				
시골 향	' ′ 多 乡' 纫 绅 绅 鄉 绅 鄉				

金枝玉葉

금지옥엽

금으로 된 가지와 옥으로 된 잎이란 뜻으로 아주 귀한 자손을 이르는 말이에요.

실생활 적용 예시문

자손이 귀한 집안이라 외아들을 금지옥엽으로 키웠다.

金	金					
쇠 금	ノ 人 今 今 全 余 金 金					
枝	枝					
가지 지	十 才 木 木 杧 枋 枝					
玉	玉					
구슬 옥	一 二 干 王 玉					
葉	葉					
잎 엽	一 十 艹 芦 芦 芷 堂 葉 葉					

難兄難弟

난형난제

누구를 형이라 아우라 하기 어렵다는 뜻으로, 누가 더 낫다고 할 수 없을 정도로 비슷함을 뜻해요.

실생활 적용 예시문

결승전에서 만난 두 선수는 난형난제라 결과를 점치기 어렵다.

難	難					
어려울 난	一 卄 廿 ꞋꞋ 茔 茔 菓 黄 艱 蕺 艱 難 難					
兄	兄					
형 형	丶 ロ ロ 尸 兄					
難	難					
어려울 난	一 卄 廿 ꞋꞋ 茔 茔 菓 黄 艱 蕺 艱 難 難					
弟	弟					
아우 제	丶 ヽ 쓰 亖 弟 弟 弟					

南柯一夢

남가일몽

남쪽으로 뻗은 나뭇가지 아래의 꿈이라는 뜻으로, 덧없는 꿈이나 부귀영화를 이르는 말이에요.

실생활 적용 예시문

왕이 되어 나라를 다스리는 게 남가일몽이었어.

南	南					
남녘 남	一 十 广 内 内 内 南 南					
柯	柯					
가지 가	一 十 才 木 木 杧 柯 柯 柯					
一	一					
한 일	一					
夢	夢					
꿈 몽	一 十 艹 苎 苧 苫 苗 莒 萝 夢 夢					

男負女戴

남부여대

남자는 지고 여자는 인다는 뜻으로, 가난한 사람들이 살 곳을 찾아 이리저리 떠돌아다님을 비유적으로 이르는 말이에요.

실생활 적용 예시문

남부여대의 피난민 행렬은 이비규환이었어.

男	男					
사내 남	`ﾉ 冂 冂 田 田 男 男`					
負	負					
질 부	`ﾉ ﾜ 仾 負 負 負 負`					
女	女					
여자 여	`く 女 女`					
戴	戴					
일 대	`一 十 土 吉 志 壹 壹 壹 壹 戴 戴 戴`					

囊中之錐

낭중지추

주머니 속의 송곳이라는 뜻으로, 재능이 뛰어난 사람은 숨어 있어도 저절로 사람들에게 알려짐을 이르는 말이에요.

실생활 적용 예시문

낭중지추가 한꺼번에 떠오른다.

囊	囊					
주머니 낭	`一 口 血 血 㬥 囊 囊 囊 囊 囊 囊`					
中	中					
가운데 중	`ﾉ 口 口 中`					
之	之					
갈 지	`丶 ﾗ 之`					
錐	錐					
송곳 추	`ﾉ 亽 仐 仐 金 金 釒 釘 鉗 錐 錐 錐`					

囊中取物

낭중취물

주머니 속에서 물건을 꺼내듯이 아주 손쉽게 얻을 수 있음을 이르는 말이에요.

실생활 적용 예시문

그 일은 내가 처리하기에 낭중취물이야.

囊	囊					
주머니 낭	`一 口 血 血 㬥 囊 囊 囊 囊 囊 囊`					
中	中					
가운데 중	`ﾉ 口 口 中`					
取	取					
가질 취	`一 丁 T 王 耳 取 取`					
物	物					
물건 물	`ﾉ 亠 牛 牛 物 物 物 物`					

綠衣紅裳

녹의홍상

연두저고리와 다홍치마, 곱게 차려입은 젊은 여자의 옷차림을 이르는 말이에요.

실생활 적용 예시문

신부가 녹의홍상으로 단장을 했구나.

綠	綠				
푸를 녹	` ㄠ ㄠ 糸 糸 紒 紒 紵 絆 綠				
衣	衣				
옷 의	` 一 ナ ア ア 衣				
紅	紅				
붉을 홍	` ㄠ ㄠ 糸 糸 紅 紅				
裳	裳				
치마 상	` ` ⺍ 屵 屵 屵 堂 屵 屵 裳				

弄瓦之慶

농와지경

딸을 낳은 즐거움. 중국에서 딸을 낳으면 흙으로 만든 실패를 장난감으로 주었던 데서 유래해요.

실생활 적용 예시문

할아버지는 농와지경의 기쁨을 웃음으로 표현했어요.

弄	弄				
희롱할 농	一 二 干 王 丟 丟 弄				
瓦	瓦				
기와 와	一 丆 F F 瓦				
之	之				
갈 지	` ㄅ 之				
慶	慶				
경사 경	` 一 广 户 户 庐 庐 廌 廖 廖 慶				

弄璋之慶

농장지경

아들을 낳은 즐거움. 중국에서 아들을 낳으면 구슬의 덕을 본받으라는 뜻으로 구슬을 장난감으로 주었다는 데서 유래해요.

실생활 적용 예시문

할아버지는 농장지경의 기쁨을 웃음으로 표현했어요.

弄	弄				
희롱할 농	一 二 干 王 丟 丟 弄				
璋	璋				
홀 장	一 二 干 王 王 王 王 琞 琞 琞 璋				
之	之				
갈 지	` ㄅ 之				
慶	慶				
경사 경	` 一 广 户 户 庐 庐 廌 廖 廖 慶				

簞食瓢飮

단사표음

대나무로 만든 밥그릇에 담은 밥과 표주박에 든 물이라는 뜻으로, 청빈하고 소박한 생활을 이르는 말이에요.

실생활 적용 예시문

나는 화려한 집보다는 단사표음이 더 마음 편하오.

簞	簞
소쿠리 단	ノ ㇒ ⺮ 竺 笪 筲 箪 箪 簞 簞
食	食
먹이 사, 밥 식	人 𠆢 今 今 今 食 食
瓢	瓢
바가지 표	一 𠃊 覀 覀 覀 覀 票 票 瓢 瓢 瓢
飮	飮
마실 음	ノ ㇒ ⺈ 今 今 今 自 食 飮 飮

丹脣皓齒

단순호치

붉은 입술과 하얀 치아라는 뜻으로, 아름다운 여자를 이르는 말이에요.

실생활 적용 예시문

단순호치는 빼어난 미인을 말해요.

丹	丹
붉을 단	丿 刀 月 丹
脣	脣
입술 순	一 厂 尸 尸 尸 辰 脣 脣 脣
皓	皓
흴 호	′ 白 白 白 白 白 皓 皓
齒	齒
이 치	丨 卜 止 齒 齒 齒 齒 齒 齒

達八十

달팔십

부귀와 관록이 따르는 영달의 삶을 이르는 말이에요.

실생활 적용 예시문

달팔십은 강태공이 정승이 된 후 80년을 호화롭게 살았다는 데서 유래하는 말이래.

達	達
통달할 달	一 十 土 圭 幸 幸 幸 達
八	八
여덟 팔	ノ 八
十	十
열 십	一 十
達	八	十

堂狗風月

당구풍월

서당에서 기르는 개가 풍월을 읊는다는 뜻으로, 그 분야에 대하여 경험과 지식이 전혀 없는 사람이라도 오래 있으면 얼마간의 경험과 지식을 가짐을 이르는 말이에요.

실생활 적용 예시문

당구풍월이라는 데 우리도 힘을 내자.

堂	堂				
집 당	`'  ''  ''  '''  ''''  '''''  堂  堂`				
狗	狗				
개 구	`'  '  '  '  狗  狗  狗  狗`				
風	風				
바람 풍	`'  '  '  '  '  風  風  風`				
月	月				
달 월	`'  '  月  月`				

大器晚成

대기만성

큰 그릇을 만드는 데는 시간이 오래 걸린다는 뜻으로, 크게 될 사람은 늦게 이루어짐을 이르는 말이에요.

실생활 적용 예시문

고생 끝에 낙이 온다고 넌 분명 대기만성할 거야.

大	大				
큰, 클 대	`一  ナ  大`				
器	器				
그릇 기	`'  '  ''  ''  ''  器  器`				
晚	晚				
늦을 만	`'  '  '  '  ''  ''  ''  晚`				
成	成				
이룰 성	`'  '  '  成  成  成`				

大書特筆

대서특필

특별히 두드러지게 보이도록 글자를 크게 쓴다는 뜻으로, 신문 따위의 출판물에서 어떤 기사에 큰 비중을 두어 다룸을 이르는 말이에요.

실생활 적용 예시문

갱도에서 열흘 만에 구조된 광부의 이야기가 각 신문에 대서특필되었다.

大	大				
큰, 클 대	`一  ナ  大`				
書	書				
글 서	`'  '  '  '  '  書  畫  書  書`				
特	特				
특별할 특	`'  '  '  '  '  '  特  特  特  特`				
筆	筆				
붓 필	`'  '  '  ''  ''  ''  ''  筆  筆`				

塗炭之苦
도탄지고

진구렁에 빠지고 숯불에 타는 괴로움을 이르는 말이에요.

실생활 적용 예시문

지금의 심정이 꼭 도탄지고 같구나.

塗	塗				
칠할 도	氵 氿 泠 泠 淎 淎 塗 塗				
炭	炭				
숯 탄	一 屵 屵 户 户 炭 炭 炭				
之	之				
갈 지	丶 亠 之				
苦	苦				
쓸 고	一 十 土 艹 芏 芏 苦 苦				

東家食西家宿
동가식서가숙

동쪽 집에서 밥 먹고 서쪽 집에서 잠잔다는 뜻으로, 일정한 거처가 없이 떠돌아다니며 지냄을 이르는 말이에요.

실생활 적용 예시문

그는 동가식서가숙의 떠돌이 생활을 하면서 고학을 했다.

東	東				
동녘 동	一 厂 戸 百 申 東				
家	家				
집 가	丶 宀 宀 宕 宕 家 家				
食	食		西	西	
밥 식	入 人 今 今 合 食 食 食	서녘 서	一 丆 而 西 西 西		
家	家		宿	宿	
집 가	宀 宀 宕 宕 家 家	잘 숙	宀 宀 宀 宿 宿 宿 宿		

棟梁之材
동량지재

한 나라나 집안을 떠받들어 이끌어 갈 젊은이를 비유적으로 이르는 말이에요.

실생활 적용 예시문

어린이들이 동량지재가 되도록 부모나 사회가 적극적인 관심을 가져야 한다.

棟	棟				
마룻대 동	一 十 才 木 栖 桐 桐 棟 棟				
梁	梁				
들보 량	氵 汀 汈 沏 沏 泙 渂 梁 梁				
之	之				
갈 지	丶 亠 之				
材	材				
재목 재	一 十 才 木 村 材 材				

東問西答

동문서답

동쪽을 묻는 데 서쪽을 대답한다는 뜻으로, 물음과는 전혀 상관없는 엉뚱한 대답을 말해요.

실생활 적용 예시문

동문서답도 유분수지, 너 지금 도대체 무슨 말을 하는 거니?

東	東				
동녘 동	一 厂 厂 币 而 東 東				
問	問				
물을 문	丨 ア ア 門 門 問 問				
西	西				
서녘 서	一 厂 冇 冇 西 西				
答	答				
대답 답	ノ ケ ケ 竹 炊 笈 答 答				

同病相憐

동병상련

같은 병을 앓는 사람끼리 서로 가엾게 여긴다는 뜻으로, 어려운 처지에 있는 사람끼리 서로 동정하고 도움을 이르는 말이에요.

실생활 적용 예시문

나는 그 아이에게서 동병상련을 느꼈다.

同	同				
한가지 동	丨 冂 冂 冋 同 同				
病	病				
병 병	一 广 广 疒 疒 病 病 病				
相	相				
서로 상	一 十 才 木 村 机 相 相 相				
憐	憐				
불쌍히 여길 련, 이웃 린	丶 忄 忄 忄 忰 悡 憐 憐 憐 憐				

東奔西走

동분서주

동쪽으로 뛰고 서쪽으로 뛴다는 뜻으로, 사방으로 이리저리 바삐 돌아다님을 말해요.

실생활 적용 예시문

실험 결과를 얻기 위해 동분서주하고 있다.

東	東				
동녘 동	一 厂 厂 币 而 東 東				
奔	奔				
달릴 분	一 ナ 大 太 本 杢 杢 奔				
西	西				
서녘 서	一 厂 冇 冇 西 西				
走	走				
달릴 주	十 土 キ 走 走 走 走				

同床異夢

동상이몽

같은 자리에 자면서 다른 꿈을 꾼다는 뜻으로, 겉으로는 같이 행동하면서 속으로는 각각 딴생각을 하고 있음을 이르는 말이에요.

실생활 적용 예시문

저들은 각자 꿍꿍이속들이 있어 서로 동상이몽을 하고 있다.

同	同		
한가지 **동**	丨 冂 冂 同 同		
床	床		
평상 **상**	丶 一 广 广 庄 庄 床		
異	異		
다를 **이**	丶 口 田 田 囲 里 異		
夢	夢		
꿈 **몽**	一 丶 卄 芒 节 苗 蕱 蓙 夢 夢		

得隴望蜀

득롱망촉

만족할 줄을 모르고 계속 욕심을 부린다는 의미예요.

실생활 적용 예시문

너는 득롱망촉이 지나쳐 화를 부를 거야.

得	得		
얻을 **득**	彳 彳 犴 得 得 得 得		
隴	隴		
고개 이름 **롱**	丨 阝 阝 阝 阡 陪 陪 陪 隴 隴 隴		
望	望		
바랄 **망**	丶 亠 亡 圥 圳 玥 玥 望 望 望		
蜀	蜀		
나라 이름 **촉**	丶 口 罒 四 甼 罗 罗 蜀 蜀 蜀		

登高自卑

등고자비

높은 곳에 오르려면 낮은 곳에서부터 오른다는 뜻으로, 일을 순서대로 하여야 함을 이르는 말이에요.

실생활 적용 예시문

넌 등고자비라는 말도 듣지 못했니?

登	登		
오를 **등**	フ ㇇ ㇇ 癶 癶 癶 登 登 登 登		
高	高		
높을 **고**	丶 亠 古 古 高 高 高		
自	自		
스스로 **자**	丿 丨 白 白 自 自		
卑	卑		
낮을 **비**	丿 丨 白 白 白 申 卑 卑		

登龍門

등용문

용문(龍門)에 오른다는 뜻으로, 어려운 관문을 통과하여 크게 출세하게 됨. 또는 그 관문을 이르는 말이에요.

실생활 적용 예시문

신춘문예 공모는 젊은 소설가들의 등용문이다.

登	登				
오를 **등**	フ ヲ ヲ ゲ ベ ベ 癶 癸 登 登 登				
龍	龍				
용 **용**	亠 亠 丬 肖 肖 肖 龍 龍 龍				
門	門				
문 **문**	丨 冂 冂 冂 門 門				
登	龍	門			

燈下不明

등하불명

등잔 밑이 어둡다는 뜻으로, 가까이에 있는 물건이나 사람을 잘 찾지 못함을 이르는 말이에요.

실생활 적용 예시문

등하불명이라더니 내게 닥친 일이 바로 그 꼴이구나.

燈	燈				
등 **등**	丶 丷 火 炉 炉 燃 燃 燈 燈 燈				
下	下				
아래 **하**	一 丁 下				
不	不				
아닐 **불**	一 プ オ 不				
明	明				
밝을 **명**	刀 刀 日 日 明 明 明				

燈火可親

등화가친

등불을 가까이할 만하다는 뜻으로, 서늘한 가을밤은 등불을 가까이하여 글 읽기에 좋다는 뜻이에요.

실생활 적용 예시문

가을은 등화가친의 계절이다.

燈	燈				
등 **등**	丶 丷 火 炉 炉 燃 燃 燈 燈 燈				
火	火				
불 **화**	丶 丷 少 火				
可	可				
옳을 **가**	一 丁 冂 冂 可				
親	親				
친할 **친**	丶 亠 亠 立 辛 亲 亲 新 親 親				

35

馬耳東風

마이동풍

동풍이 말의 귀를 스쳐 간다는 뜻으로, 남의 말을 귀담아듣지 아니하고 지나쳐 흘려버림을 이르는 말이에요.

실생활 적용 예시문

그에게는 나의 충고가 마이동풍이었다.

馬	馬				
말 마	丨厂厂丐馬馬				
耳	耳				
귀 이	一丁下FF王耳				
東	東				
동녘 동	一厂日日車東				
風	風				
바람 풍	丿几凡凩凮風風風				

莫上莫下

막상막하

더 낫고 더 못함의 차이가 거의 없음을 말해요.

실생활 적용 예시문

너희들은 막상막하의 실력이야.

莫	莫				
없을 막	一十十廾廾昔昔苩莒莫莫				
上	上				
윗 상	丨卜上				
莫	莫				
없을 막	一十十廾廾昔昔苩莒莫莫				
下	下				
아래 하	一丁下				

莫逆之友

막역지우

서로 거스름이 없는 친구라는 뜻으로, 허물이 없이 아주 친한 친구를 이르는 말이에요.

실생활 적용 예시문

명수와는 싸움도 많이 하였지만 뜻이 맞는 유일한 막역지우였다.

莫	莫				
없을 막	一十十廾廾昔昔苩莒莫莫				
逆	逆				
거스릴 역	⺊⺊屰屰逆逆				
之	之				
갈 지	⺀之之				
友	友				
벗 우	一ナ方友				

萬頃蒼波

만경창파

만 이랑의 푸른 물결이라는 뜻으로, 한없이 넓고 넓은 바다를 이르는 말이에요.

실생활 적용 예시문

만경창파에 두둥실 뜬 배가 아름답구나.

萬	萬				
일만 **만**	一 十 卄 芍 芦 芦 莒 萬 萬 萬				
頃	頃				
이랑, 잠깐 **경**	一 匕 乢 匕 坧 頃 頃 頃				
蒼	蒼				
푸를 **창**	一 艹 艹 丈 丈 芩 苍 蒼 蒼				
波	波				
물결 **파**	氵 氵 汋 氻 沪 波 波				

萬古風霜

만고풍상

아주 오랜 세월 동안 겪어 온 많은 고생을 뜻해요.

실생활 적용 예시문

철호는 갖은 만고풍상을 겪었다.

萬	萬				
일만 **만**	一 十 卄 芍 芦 芦 莒 萬 萬 萬				
古	古				
옛 **고**	一 十 十 古 古				
風	風				
바람 **풍**	丿 几 凡 凨 凨 風 風				
霜	霜				
서리 **상**	一 厂 厂 币 雨 雪 霏 霜 霜 霜				

麥秀之嘆

맥수지탄

고국의 멸망을 한탄함을 이르는 말이에요.

실생활 적용 예시문

일본이 우리나라를 빼앗다니 맥수지탄이구나.

麥	麥				
보리 **맥**	一 フ 刀 刃 夾 夾 麥 麥				
秀	秀				
빼어날 **수**	一 二 千 禾 禾 秃 秀				
之	之				
갈 **지**	丶 ㇇ 之				
嘆	嘆				
탄식할 **탄**	丨 口 口 口 吖 咁 唭 嗼 嘆 嘆				

明鏡止水

명경지수

맑은 거울과 고요한 물처럼 잡념과 허욕이 없는 깨끗한 마음을 비유적으로 이르는 말이에요.

실생활 적용 예시문

해 질 녘의 바람 한 점 없는 호수는 명경지수처럼 잔잔했다.

明	明				
밝을 **명**	冂 月 日 日) 明 明 明				
鏡	鏡				
거울 **경**	𠂉 亼 全 余 金 金' 鉅 鏡 鏡 鏡				
止	止				
그칠 **지**	丨 ト 𣥂 止				
水	水				
물 **수**	亅 才 水 水				

名實相符

명실상부

이름과 실상이 서로 들어맞음. 알려진 것과 실제의 상황이나 능력에 차이가 없음을 말해요.

실생활 적용 예시문

공천 심사 위원회가 명실상부한 공천권을 행사하여 찬사를 받았다.

名	名				
이름 **명**	ノ ク タ タ 名 名				
實	實				
열매 **실**	丶 宀 宀 宀 宀 宀 實 實 實 實 實				
相	相				
서로 **상**	一 十 才 木 木 朷 相 相 相				
符	符				
부호 **부**	ノ 𠂉 𥫗 竹 竹 符 符 符 符				

明若觀火

명약관화

불을 보는 것 같이 밝게 보인다는 뜻으로, 더 말할 나위 없이 명백함을 말해요.

실생활 적용 예시문

너는 돌아가면 잡힐 것이 명약관화한데도 가겠다고 하는 거니?

明	明				
밝을 **명**	冂 月 日 日) 明 明 明				
若	若				
같을 **약**	一 十 艹 艹 艹 芓 芓 若 若				
觀	觀				
볼 **관**	一 十 艹 艹 艹 芦 雚 雚 雚 觀 觀 觀				
火	火				
불 **화**	丶 丷 火 火				

命在頃刻

명재경각

거의 죽게 되어 곧 숨이 끊어질 지경에 이름을 말해요.

실생활 적용 예시문

어떤 사람이 독전을 맞고 명재경각에 이르렀어.

命					
목숨 명	ノ 人 人 合 合 命				
在					
있을 재	一 ナ 扌 オ 存 在				
頃					
이랑, 잠깐 경	一 ヒ ヒ ヒ 圫 頃 頃				
刻					
새길 각	一 亠 亥 亥 亥 刻 刻				

矛盾撞着

모순당착

같은 사람의 말이나 행동이 앞뒤가 서로 맞지 아니하고 모순됨을 말해요.

실생활 적용 예시문

모순당착에 빠진 사람은 믿을 수 없어.

矛					
창 모	フ マ ヌ 予 矛				
盾					
방패 순	一 厂 厂 严 盾 盾 盾				
撞					
칠 당	一 十 扌 扩 护 护 挡 挡 撞 撞				
着					
붙을 착	゛ 丷 羊 差 着 着 着				

目不識丁

목불식정

아주 간단한 글자인 '丁' 자를 보고도 그것이 '고무래' 인 줄을 알지 못한다는 뜻으로, 아주 까막눈임을 이르는 말이에요.

실생활 적용 예시문

우리는 목불식정을 면하였을 따름입니다.

目					
눈 목	l 门 门 月 目				
不					
아닐 불	一 ナ 才 不				
識					
알 식	亠 亠 言 言 言 言 詝 評 詳 識 識 識				
丁					
고무래 정	一 丁				

39

目不忍見

목불인견

눈앞에 벌어진 상황 따위를 눈 뜨고는 차마 볼 수 없음을 말해요.

실생활 적용 예시문

대성통곡하는 모습은 참으로 목불인견이었다.

目	目				
눈 목	ㅣ ㄇ ㄇ 月 目				
不	不				
아닐 불	一 フ ア 不				
忍	忍				
참을 인	フ 刀 刃 忍 忍 忍				
見	見				
볼 견	ㅣ ㄇ ㄇ 月 目 貝 見				

武陵桃源

무릉도원

도연명의 〈도화원기〉에 나오는 말로, '이상향', '별천지'를 비유적으로 이르는 말이에요.

실생활 적용 예시문

인간 세상이 아니라 무릉도원에서 살고 싶네.

武	武				
호반 무	一 二 干 千 武 武				
陵	陵				
언덕 릉	' ㇏ ㇏ 阝 阹 阵 陟 陟 陵 陵				
桃	桃				
복숭아 도	一 十 木 杉 村 札 桃				
源	源				
근원 원	' ㇒ 氵 沪 沪 沥 源 源				

無依無托

무의무탁

몸을 의지하고 맡길 곳이 없음. 외로운 상태를 말해요.

실생활 적용 예시문

나는 무의무탁 신세일세.

無	無				
없을 무	㇒ ㇉ 無 無 無 無				
依	依				
의지할 의	㇒ ㇀ 仁 仁 疒 疒 依 依 依				
無	無				
없을 무	㇒ ㇉ 無 無 無 無				
托	托				
맡길 탁	一 十 扌 扑 扝 托				

文房四友

문방사우

서재(書齋)에 꼭 있어야 할 네 벗, 즉 종이, 붓, 벼루, 먹을 말해요.

실생활 적용 예시문

옛 선비들은 늘 문방사우를 곁에 두고 생활했어.

文 글월 문	文				
`丶一ナ文`					
房 방 방	房				
`丶一ラ戸戸戸房房`					
四 넉 사	四				
`丨冂冂四四`					
友 벗 우	友				
`一ナ方友`					

門前成市

문전성시

찾아오는 사람이 많아 집 문 앞이 시장을 이루다시피 함을 이르는 말이에요.

실생활 적용 예시문

새신랑을 구경 오는 사람들로 하루 종일 문전성시를 이루었다.

門 문 문	門				
`丨冂冂冂門門`					
前 앞 전	前				
`丶丷䒑前前前前前`					
成 이룰 성	成				
`丿厂厅成成成`					
市 저자 시	市				
`丶一广方市`					

門前沃畓

문전옥답

집 가까이에 있는 기름진 논을 말해요.

실생활 적용 예시문

황무지가 문전옥답으로 변했어.

門 문 문	門				
`丨冂冂冂門門`					
前 앞 전	前				
`丶丷䒑前前前前前`					
沃 기름질 옥	沃				
`丶丷汀汀汀沃`					
畓 논 답	畓				
`丿汃水沓沓沓畓`					

拍掌大笑

박장대소

손뼉을 치며 크게 웃음을 뜻해요.

실생활 적용 예시문

사회자의 재치 있는 말에 방청석에서 박장대소가 터졌다.

拍	拍				
칠 박	一 丁 扌 扌 扌 折 拍 拍				
掌	掌				
손바닥 장	丶 ⺍ 尚 尚 尚 堂 堂 掌				
大	大				
큰, 클 대	一 ナ 大				
笑	笑				
웃음 소	丿 ⺮ ⺮ 竹 竺 竺 笑 笑				

拔本塞源

발본색원

좋지 않은 일의 근본 원인이 되는 요소를 완전히 없애 버려서 다시는 그러한 일이 생길 수 없도록 함을 말해요.

실생활 적용 예시문

부정행위는 발본색원해야 합니다.

拔	拔				
뽑을 발	一 丁 扌 扌 扩 扙 拔 拔				
本	本				
근본 본	一 十 才 木 本				
塞	塞				
막힐, 변방 색	丶 宀 宀 宇 宝 実 実 寒 寒 塞				
源	源				
근원 원	丶 氵 氵 沪 沪 沪 源 源				

傍若無人

방약무인

곁에 사람이 없는 것처럼 아무 거리낌 없이 함부로 말하고 행동하는 태도가 있음을 말해요.

실생활 적용 예시문

남이 싫어하는 줄도 모르고 방약무인으로 떠들어 댄다.

傍	傍				
곁 방	亻 亻 仿 仿 停 傍 傍				
若	若				
같을 약	一 十 艹 艹 芋 芋 若 若				
無	無				
없을 무	一 二 無 無 無 無				
人	人				
사람 인	丿 人				

ㅂ

背恩忘德

배은망덕

남에게 입은 은덕을 저버리고 배신하는 태도가 있음을 말해요.

실생활 적용 예시문

배은망덕도 유분수지. 네가 어찌 나한테 그런 짓을 할 수 있단 말이냐?

背	背				
등, 배반할 배	丨 丬 爿 爿 北 背 背 背				
恩	恩				
은혜 은	冂 冂 冃 困 因 因 恩 恩				
忘	忘				
잊을 망	丶 亠 亡 忘 忘				
德	德				
덕 덕	彳 彳 衤 衤 德 德 德				

白骨難忘

백골난망

죽어서 백골이 되어도 잊을 수 없다는 뜻으로, 남에게 큰 은덕을 입었을 때 고마움의 뜻으로 이르는 말이에요.

실생활 적용 예시문

보살펴 주신 은혜가 백골난망입니다.

白	白				
흰 백	丿 亻 白 白 白				
骨	骨				
뼈 골	丨 冂 冂 冎 咼 骨 骨				
難	難				
어려울 난	一 艹 艹 벋 堇 菓 艱 艱 難 難 難				
忘	忘				
잊을 망	丶 亠 亡 忘 忘				

百年河清

백년하청

아무리 오랜 시일이 지나도 어떤 일이 이루어지기 어려움을 이르는 말이에요.

실생활 적용 예시문

밤낮 부두에만 매달려 보았자 백년하청일 따름이야.

百	百				
일백 백	一 丆 丆 丆 百 百				
年	年				
해 년	丿 亻 亇 气 乍 年				
河	河				
물 하	丶 氵 汀 沪 沪 河 河				
清	清				
맑을 청	丶 氵 氵 沣 清 清 清 清				

白面書生
백면서생

한갓 글만 읽고 세상일에는 전혀 경험이 없는 사람을 말해요.

실생활 적용 예시문

나는 글만 읽고 있는 백면서생일 따름이오.

白					
흰 백	´ ´ 白 白 白				
面					
낯, 밀가루 면	一 ナ ア 丙 石 石 面 面				
書					
글 서	フ ヲ ヨ ま 幸 書 書 書				
生					
날 생	ノ ∠ 仁 牛 生				

百折不屈
백절불굴

어떠한 난관에도 결코 굽히지 않음을 말해요.

실생활 적용 예시문

백절불굴의 강인한 정신력이 필요해.

百					
일백 백	一 ア ア 百 百 百				
折					
꺾을 절	一 十 扌 扌 折 折 折				
不					
아닐 불	一 フ ア 不				
屈					
굽힐 굴	フ コ ア 尺 屋 屋 屈 屈				

伯仲之勢
백중지세

서로 우열을 가리기 힘든 형세를 말해요.

실생활 적용 예시문

두 여인의 아름다움은 실로 백중지세였다.

伯					
맏 백	ノ イ イ イ′ 伯 伯 伯				
仲					
버금 중	ノ イ 什 们 仲 仲				
之					
갈 지	` ヽ 之				
勢					
형세 세	一 十 士 圥 去 封 執 執 勢 勢				

夫唱婦隨

부창부수

남편이 주장하고 아내가 이에 잘 따름의 뜻으로, 부부 사이의 화합하는 도리를 비유적으로 이르는 말이에요.

실생활 적용 예시문

부창부수라더니 아름다운 부부의 모습이구나.

夫	夫				
지아비 부	一 二 夫 夫				
唱	唱				
부를 창	丨 口 미 미 미 미 미 미				
婦	婦				
며느리 부	乚 女 女 女 好 好 好 婦 婦				
隨	隨				
따를 수	阝 阝 阝 阝 隋 隋 隨 隨				

附和雷同

부화뇌동

우레 소리에 맞춰 함께한다는 뜻으로, 줏대 없이 남의 의견에 따라 움직임을 말해요.

실생활 적용 예시문

남이 무어라고 해도 쉽사리 부화뇌동하지 마세요.

附	附				
붙을 부	丨 阝 阝 阝 附 附 附				
和	和				
화할 화	一 二 千 禾 禾 和 和				
雷	雷				
우레 뇌	一 一 一 戶 币 币 雨 雨 雪 雷 雷				
同	同				
한가지 동	丨 冂 冂 同 同				

粉骨碎身

분골쇄신

뼈를 가루로 만들고 몸을 부순다는 뜻으로, 정성으로 노력함을 이르는 말이에요.

실생활 적용 예시문

분골쇄신이 되더라도 조국을 위해 목숨을 바치겠습니다.

粉	粉				
가루 분	丶 丶 丷 半 半 米 米 粉 粉				
骨	骨				
뼈 골	丨 冂 冎 冎 冎 骨 骨				
碎	碎				
부술 쇄	一 丆 石 石 石 矿 砕 碎 碎				
身	身				
몸 신	丿 亻 丬 冎 身 身 身				

不共戴天之讐

불공대천지수

한 하늘 아래서는 같이 살 수가 없는 원수라는 뜻으로, 원한이 깊이 사무친 원수를 이르는 말이에요.

실생활 적용 예시문

너는 같이 지낼 수 없는 불공대천지수야.

不	不				
아닐 **불**	一 フ 不 不				
共	共				
한가지 **공**	一 廿 世 共 共				
戴	戴		天	天	
일 **대**	士 吉 查 壹 戴 戴 戴		하늘 **천**	一 二 チ 天	
之	之		讐	讐	
갈 **지**	丶 ㇀ 之		원수 **수**	隹 隹 隹 雔 雔 讐 讐	

不問曲直

불문곡직

옳고 그름을 따지지 아니한다는 뜻이에요.

실생활 적용 예시문

죄 없는 그들을 불문곡직 잡아다가 어쩌겠다는 겁니까?

不	不				
아닐 **불**	一 フ 不 不				
問	問				
물을 **문**	丨 冂 冂 門 門 問 問				
曲	曲				
굽을, 누룩 **곡**	丨 冂 曰 由 曲 曲				
直	直				
곧을 **직**	一 十 十 古 吉 直 直				

不恥下問

불치하문

손아랫사람이나 지위나 학식이 자기만 못한 사람에게 모르는 것을 묻는 일을 부끄러워하지 아니한다는 뜻이에요.

실생활 적용 예시문

영의정은 불치하문으로 유명해.

不	不				
아닐 **불**	一 フ 不 不				
恥	恥				
부끄러울 **치**	丁 丌 耳 耳 耳 恥 恥				
下	下				
아래 **하**	一 丁 下				
問	問				
물을 **문**	丨 冂 冂 門 門 問 問				

非夢似夢間

비몽사몽간

완전히 잠이 들지도 잠에서 깨어나지도 않은 어렴풋한 순간을 말해요.

실생활 적용 예시문

그것은 비몽사몽간에 벌어진 일이었어.

非 아닐 비	非			
	ノ 刁 寸 ヺ 非 非			
夢 꿈 몽	夢			
	一 十 艹 芍 芮 苗 莭 莢 夢 夢			
似 닮을 사	似			
	ノ イ イ 仏 仏 似 似			
夢 꿈 몽	夢	間	間	
	一 十 芮 苗 莭 夢	사이 간 ア 門 門 門 門 間		

四顧無親

사고무친

의지할 만한 사람이 아무도 없음을 뜻해요.

실생활 적용 예시문

사고무친의 외로운 신세가 한둘은 아니지.

四 넉 사	四			
	丨 冂 冂 四 四			
顧 돌아볼 고	顧			
	丶 丶 厂 厂 厃 雇 雇 雇 顧 顧 顧			
無 없을 무	無			
	ト 二 無 無 無 無			
親 친할 친	親			
	丶 丶 立 立 辛 辛 亲 亲 新 親 親			

四面楚歌

사면초가

사방에서 들리는 초나라의 노래라는 뜻으로 아무에게도 도움을 받지 못하는, 외롭고 곤란한 지경에 빠진 형편을 이르는 말이에요.

실생활 적용 예시문

성 밖에도 적, 성안에도 적, 그야말로 사면초가였다.

四 넉 사	四			
	丨 冂 冂 四 四			
面 낯 면	面			
	一 丆 丆 而 而 而 面 面			
楚 초나라 초	楚			
	一 十 木 林 林 梺 梺 梺 楚			
歌 노래 가	歌			
	一 一 百 可 可 哥 哥 哥 歌 歌 歌			

砂上樓閣

사상누각

모래 위에 세운 누각이라는 뜻으로, 기초가 튼튼하지 못하여 오래 견디지 못할 일이나 물건을 이르는 말이에요.

실생활 적용 예시문

시장과 고객의 요구를 외면한 원천 기술은 사상누각에 불과합니다.

砂 모래 사	砂				
一 厂 石 刷 砂 砂					
上 윗 상	上				
丨 卜 上					
樓 다락 누	樓				
一 十 オ 杧 杧 桿 桿 楼 楼 樓 樓					
閣 집 각	閣				
丨 冂 冂 冂 門 門 門 閁 閣 閣					

事必歸正

사필귀정

모든 일은 반드시 바른길로 돌아간다는 뜻이에요.

실생활 적용 예시문

나는 오늘날까지 사필귀정의 신념 하나로 버티며 살아왔어.

事 일 사	事				
一 一 一 写 写 写 事					
必 반드시 필	必				
丶 丿 必 必 必					
歸 돌아갈 귀	歸				
丶 亻 亡 皀 皀 皀 皀 皀 皀 皀 皀 歸 歸					
正 바를 정	正				
一 丁 下 正 正					

山上垂訓

산상수훈

신약 성경 가운데 〈마태복음〉 5~7장에 실려 있는 예수의 가르침을 말해요.

실생활 적용 예시문

산상수훈은 신앙생활의 근본 원리가 간명하게 기술되어 있어.

山 메 산	山				
丨 山 山					
上 윗 상	上				
丨 卜 上					
垂 드리울 수	垂				
一 二 手 乒 乒 垂 垂					
訓 가르칠 훈	訓				
丶 二 言 言 言 言 訓 訓					

山戰水戰

산전수전

산에서도 싸우고 물에서도 싸웠다는 뜻으로, 세상의 온갖 고생과 어려움을 다 겪었음을 이르는 말이에요.

실생활 적용 예시문

정 검사는 산전수전 다 겪은 몸이었다.

山	山					
메 산	ㅣ ㅛ 山					
戰	戰					
싸움 전	゛ ゛ 門 𩇣 單 戰 戰					
水	水					
물 수	ㅣ 기 水 水					
戰	戰					
싸움 전	゛ ゛ 門 𩇣 單 戰 戰					

山海珍味

산해진미

산과 바다에서 나는 온갖 진귀한 물건으로 차린, 맛이 좋은 음식을 뜻해요.

실생활 적용 예시문

산해진미가 가득 놓인 식탁이구나.

山	山					
메 산	ㅣ ㅛ 山					
海	海					
바다 해	丶 冫 汀 汁 海 海 海					
珍	珍					
보배 진	― = Ŧ Ŧ 玣 玪 珍 珍					
味	味					
맛 미	丨 口 口 叮 吁 味 味					

殺身成仁

살신성인

자기의 몸을 희생하여 인(仁)을 이룬다는 뜻이에요.

실생활 적용 예시문

살신성인의 희생정신을 발휘해 보자.

殺	殺					
죽일 살	ノ 乂 ゠ 푸 羊 杀 杀 郗 殺 殺					
身	身					
몸 신	丶 亻 亻 斤 斤 身 身					
成	成					
이룰 성	ノ 厂 厈 成 成 成					
仁	仁					
어질 인	ノ 亻 仁 仁					

三顧草廬

삼고초려

유비가 제갈공명을 세 번이나 찾아가 군사로 초빙한 데서 유래한 말로 인재를 맞아들이기 위하여 참을성 있게 노력한다는 뜻이에요.

실생활 적용 예시문

유비는 삼고초려 끝에 제갈량을 군사로 맞아들이는 데에 성공했다.

三	三					
석 삼	一 二 三					
顧	顧					
돌아볼 고	` ` ` 厃 戸 雇 雇 雇 雇 顧 顧 顧					
草	草					
풀 초	一 十 艹 艹 苩 苩 苩 草					
廬	廬					
농막집 려	` 广 广 广 庐 庐 庐 庐 庐 廬 廬 廬					

三旬九食

삼순구식

삼십 일 동안 아홉 끼니밖에 먹지 못한다는 뜻으로, 몹시 가난함을 이르는 말이에요.

실생활 적용 예시문

삼순구식을 할지라도 마음이 편안한 게 좋아.

三	三					
석 삼	一 二 三					
旬	旬					
열흘 순	' 勹 勺 旬 旬 旬					
九	九					
아홉 구	丿 九					
食	食					
밥 식	人 亼 今 今 令 食 食					

三遷之敎

삼천지교

맹자의 어머니가 아들을 가르치기 위하여 세 번이나 이사를 하였음을 이르는 말이에요.

실생활 적용 예시문

지금도 삼천지교를 행하는 부모들이 많아.

三	三					
석 삼	一 二 三					
遷	遷					
옮길 천	一 一 襾 襾 襾 覀 栗 栗 悪 遷 遷					
之	之					
갈 지	` 亠 之					
敎	敎					
가르칠 교	丿 乂 乆 孝 夆 夆 夆 夆 敎 敎 敎					

桑田碧海

상전벽해

뽕나무밭이 변하여 푸른 바다가 된다는 뜻으로, 세상일의 변천이 심함을 비유적으로 이르는 말이에요.

실생활 적용 예시문

상전벽해라더니 그동안에 이렇게 변했구나!

桑					
뽕나무 상	フ ヲ ヌ ヌ ヌ 桑 桑				
田					
밭 전	ㅣ 冂 日 田 田				
碧					
푸를 벽	= 王 珀 珀 碧 碧 碧				
海					
바다 해	丶 氵 汇 汇 海 海 海				

塞翁之馬

새옹지마

변방에 사는 노인의 말이라는 뜻으로, 인생의 길흉화복은 변화가 많아서 예측하기가 어렵다는 말이에요.

실생활 적용 예시문

인간사 새옹지마라더니 이번 일이 딱 그렇구나.

塞					
변방, 막힐 새	丶 宀 宀 宙 宎 宎 寒 塞 塞				
翁					
늙은이 옹	八 公 公 公 今 翁 翁 翁				
之					
갈 지	丶 ㇀ 之				
馬					
말 마	ㅣ 厂 厂 厍 馬 馬				

先見之明

선견지명

어떤 일이 일어나기 전에 미리 앞을 내다보고 아는 지혜를 말해요.

실생활 적용 예시문

율곡 선생은 전쟁에 대한 선견지명이 있었기 때문에 강병설을 주장했다.

先					
먼저 선	丿 一 �生 生 步 先				
見					
볼 견	ㅣ 冂 冂 月 目 貝 見				
之					
갈 지	丶 ㇀ 之				
明					
밝을 명	刀 刀 日 日 明 明 明				

雪上加霜

설상가상

눈 위에 서리가 덮인다는 뜻으로, 난처한 일이나 불행한 일이 잇따라 일어남을 이르는 말이에요.

실생활 적용 예시문

시간도 없는데 설상가상으로 길까지 막혔다.

雪	雪				
눈 설	一一一一一一一一 雪雪雪				
上	上				
윗 상	丨 丨 上				
加	加				
더할 가	フ カ カ 加 加				
霜	霜				
서리 상	一一一一一一一 霜霜				

說往說來

설왕설래

서로 변론을 주고받으며 옥신각신함. 또는 말이 오고 감을 말해요.

실생활 적용 예시문

설왕설래 입방아를 찧을 뿐 결론이 나지 않았다.

說	說				
말씀 설	一一一一一一 說				
往	往				
갈 왕	丿 丿 彳 彳 往 往 往				
說	說				
말씀 설	一一一一一一 說				
來	來				
올 래	一 一 一 一 一 來 來 來				

纖纖玉手

섬섬옥수

가냘프고 고운 여자의 손을 이르는 말이에요.

실생활 적용 예시문

섬섬옥수 같은 손으로 바느질을 했다.

纖	纖				
가늘 섬	丶 幺 幺 糸 糸 糸 糸 糸 糸 纖 纖 纖				
纖	纖				
가늘 섬	丶 幺 幺 糸 糸 糸 糸 糸 糸 纖 纖 纖				
玉	玉				
구슬 옥	一 二 干 王 玉				
手	手				
손 수	一 二 三 手				

送舊迎新

송구영신

묵은해를 보내고 새해를 맞는다는 뜻이에요.

실생활 적용 예시문

연말연시에 보내는 카드에는 대개 송구영신이라는 문구가 들어간다.

送	送					
보낼 송	ᄼ ᅩ ᅭ ᅪ 놋 送送					
舊	舊					
옛 구	一 广 广 节 扩 摧 摧 舊 舊 舊 舊					
迎	迎					
맞을 영	ᄼ ᅣ ᅣ ᅣ 邙 迎 迎					
新	新					
새 신	ᄼ ᅱ ᄅ 亲 弟 新 新					

首邱初心

수구초심

여우가 죽을 때에 머리를 자기가 살던 굴 쪽으로 둔다는 뜻으로, 고향을 그리워하는 마음을 이르는 말이에요.

실생활 적용 예시문

수구초심이라고 나이가 드니 고향 생각이 더 난다.

首	首					
머리 수	ᄼ ᅭ ᅲ 产 首 首 首					
邱	邱					
언덕 구	ᄼ ᅣ ᅣ ᅣ 丘 丘 邱 邱					
初	初					
처음 초	ᄼ ᅪ ᅣ ᅮ ᅲ 初 初					
心	心					
마음 심	ᄼ 心 心 心					

壽福康寧

수복강녕

오래 살고 복을 누리며 건강하고 평안함을 말해요.

실생활 적용 예시문

부모님의 수복강녕을 빕니다.

壽	壽					
목숨 수	十 士 吉 青 壺 壽 壽 壽					
福	福					
복 복	ᄼ ᅱ ᅰ 礻 礻 和 福 福 福 福					
康	康					
편안 강	ᄼ 广 广 户 户 庐 庚 康 康 康					
寧	寧					
편안할 녕	ᄼ ᅵ 宀 宀 宧 宓 宵 宵 寧 寧					

袖手傍觀
수수방관

팔짱을 끼고 보고만 있다는 뜻으로, 간섭하거나 거들지 아니하고 그대로 버려 둠을 이르는 말이에요.

실생활 적용 예시문

우리 반은 수수방관만 일삼아 왔어.

袖	袖				
소매 수	`丶ｙ衤衤衤衤袖袖袖`				
手	手				
손 수	`一二三手`				
傍	傍				
곁 방	`亻亻亇仴倅倅傍傍`				
觀	觀				
볼 관	`一ｗ卄芍芍莅莅莅蒱蒱觀觀`				

誰怨誰咎
수원수구

남을 원망하거나 탓할 것이 없음을 이르는 말이에요.

실생활 적용 예시문

앞으로는 수원수구가 없어야 할 것이오.

誰	誰				
누구 수	`一ｗ言訂試誰誰`				
怨	怨				
원망할 원	`ノクタタ夗夗怨怨`				
誰	誰				
누구 수	`一ｗ言訂試誰誰`				
咎	咎				
허물 구	`ノク夂処処処咎咎`				

脣亡齒寒
순망치한

입술을 잃으면 이가 시리다는 뜻으로, 가까운 사이의 한쪽이 망하면 다른 한쪽도 그 영향을 받아 온전하기 어려움을 비유하여 이르는 말이에요.

실생활 적용 예시문

이웃 나라가 침범을 당하니 순망치한이 될까 염려스럽다.

脣	脣				
입술 순	`一厂尸居居辰脣脣脣`				
亡	亡				
망할 망	`丶二亡`				
齒	齒				
이 치	`ト止止步步歩齿齿齒齒`				
寒	寒				
찰 한	`丶宀宀宙寒寒寒`				

是是非非

시시비비

여러 가지의 잘잘못을 말해요.

실생활 적용 예시문

친구는 세상의 시시비비에서 벗어난 것처럼 보여.

是	是				
이, 옳을 시	` 丶 日 旦 旦 早 무 是 是 `				
是	是				
이, 옳을 시	` 丶 日 旦 旦 早 무 是 是 `				
非	非				
아닐 비	` ) ) ) ‡ ‡ 非 非 `				
非	非				
아닐 비	` ) ) ) ‡ ‡ 非 非 `				

尸位素餐

시위소찬

하는 일 없이 자리만 차지하고 있으면서 녹을 받아먹음을 비유적으로 이르는 말이에요.

실생활 적용 예시문

늙고 병든 몸이 시위소찬으로 앉아 있으면 안 되지요.

尸	尸				
주검 시	` ㄱ ㄱ 尸 `				
位	位				
자리 위	` ノ イ イ 伫 什 位 位 `				
素	素				
본디 소	` 一 二 キ 主 主 妻 妻 素 素 `				
餐	餐				
밥 찬	` 丶 卜 ｸ ㄅ 歺 歺 奴 奴 黎 黎 黎 餐 餐 `				

識字憂患

식자우환

학식이 있는 것이 오히려 근심을 사게 된다는 뜻이에요.

실생활 적용 예시문

식자우환이라더니 멀쩡한 가전제품을 고물로 만들어 놓았어.

識	識				
알 식	` ㅗ ㅕ ㅓ 言 言 言 言 語 語 識 識 識 `				
字	字				
글자 자	` 丶 丷 宀 宀 宁 字 `				
憂	憂				
근심 우	` 一 丆 币 币 西 再 惪 惪 惪 惪 惪 憂 `				
患	患				
근심 환	` 宀 ㅁ 吕 吕 串 患 患 患 `				

身言書判

신언서판

예전에 인물을 선택하는 데 표준으로 삼던 조건. 곧 신수, 말씨, 문필, 판단력의 네 가지를 말해요.

실생활 적용 예시문

신언서판이 나무랄 곳 없는 훤칠하게 잘생긴 사람이야.

身	身				
몸 신	`´ ſ ſ ſ 自 身 身`				
言	言				
말씀 언	`` ` 二 二 言 言 言 言`				
書	書				
글 서	`フ ㇋ ㇋ 津 聿 書 書 書`				
判	判				
판단할 판	`´ ハ ㇐ 半 判 判 判`				

神出鬼沒

신출귀몰

귀신같이 나타났다가 사라진다는 뜻으로, 그 움직임을 쉽게 알 수 없을 만큼 자유자재로 나타나고 사라짐을 비유적으로 이르는 말이에요.

실생활 적용 예시문

범인은 신출귀몰의 재주를 가진 사람처럼 행방을 감추었다.

神	神				
귀신 신	`ˋ ˊ ﬁ 禾 示 示 和 初 神 神`				
出	出				
날 출	`丨 ㇗ 屮 出 出`				
鬼	鬼				
귀신 귀	`´ ㇒ 白 白 ㇫ 鬼 鬼 鬼`				
沒	沒				
빠질 몰	`ˋ ˋ ˋ 氵 氵 沙 沙 沒`				

十匙一飯

십시일반

밥 열 술이 한 그릇이 된다는 뜻으로, 여러 사람이 조금씩 힘을 합하면 한 사람을 돕기 쉬움을 이르는 말이에요.

실생활 적용 예시문

우리가 십시일반으로 돈을 모아서 불쌍한 이웃을 돕자.

十	十				
열 십	`一 十`				
匙	匙				
숟가락 시	`丶 ㇆ ㄇ 日 旦 早 무 무 是 是 匙`				
一	一				
한 일	`一`				
飯	飯				
밥 반	`ノ ㇒ ㇒ ㇏ 今 今 育 育 飣 飯 飯`				

十 日 之 菊

십일지국

한창때인 9월 9일이 지난 9월 10일의 국화라는 뜻으로, 이미 때가 늦은 일을 비유적으로 이르는 말이에요.

실생활 적용 예시문

십일지국 지난 지가 언젠데 이제 시작하니?

十	十					
열 십	一 十					
日	日					
날 일	丨 冂 日 日					
之	之					
갈 지	㇒ ㇇ 之					
菊	菊					
국화 국	十 艹 芍 菊 菊 菊 菊					

阿 鼻 叫 喚

아비규환

여러 사람이 비참한 지경에 빠져 울부짖는 참상을 비유적으로 이르는 말이에요.

실생활 적용 예시문

사고 현장은 그야말로 아비규환이었다.

阿	阿					
언덕 아	㇇ ㇇ 阝 阝 阿 阿 阿 阿					
鼻	鼻					
코 비	自 白 鼻 畠 皐 鼻 鼻					
叫	叫					
부르짖을 규	丨 冂 口 叫 叫					
喚	喚					
부를 환	丨 口 吖 吖 咟 唤 喚 喚					

我 田 引 水

아전인수

자기 논에 물 대기라는 뜻으로, 자기에게만 이롭게 되도록 생각하거나 행동함을 이르는 말이에요.

실생활 적용 예시문

자기에게 불리할 때에만 원칙을 내세우는 그의 태도는 아전인수 그 자체였다.

我	我					
나 아	㇒ 二 千 手 我 我 我					
田	田					
밭 전	丨 冂 日 田 田					
引	引					
끌 인	㇇ ㄱ 弓 引					
水	水					
물 수	丨 기 水 水					

羊頭狗肉

양두구육

양의 머리를 걸어 놓고 개고기를 판다는 뜻으로, 겉보기만 그럴듯하게 보이고 속은 변변하지 아니함을 이르는 말이에요.

실생활 적용 예시문

겉모양은 고마운 마음이라 양두구육이 아니냐고 따져볼 수 없었어.

羊	羊				
양 양	`丶丷䒑䒑羊羊`				
頭	頭				
머리 두	`一一三亘頭頭頭`				
狗	狗				
개 구	`丿犭犭犭狗狗狗狗`				
肉	肉				
고기 육	`丨冂内内肉肉`				

梁上君子

양상군자

들보 위의 군자라는 뜻으로, 도둑을 완곡하게 이르는 말이에요.

실생활 적용 예시문

도둑놈을 때론 양상군자로 높여 부른다.

梁	梁				
들보 양	`氵汀沉泅涩梁梁`				
上	上				
윗 상	`丨卜上`				
君	君				
임금 군	`フヨヨ尹尹君君`				
子	子				
아들 자	`フ了子`				

漁夫之利

어부지리

어부의 이익이라는 뜻으로, 두 사람이 이해관계로 서로 싸우는 사이에 엉뚱한 사람이 애쓰지 않고 가로챈 이익을 이르는 말이에요.

실생활 적용 예시문

두 후보의 어리석음 때문에 당선 가능성이 없었던 다른 후보가 어부지리를 얻었다.

漁	漁				
고기 잡을 어	`丶氵氵沪渔渔渔`				
夫	夫				
지아비 부	`一二夫夫`				
之	之				
갈 지	`丶冫之`				
利	利				
이로울 리	`丿二千禾禾利利`				

58

言中有骨

언중유골

말 속에 뼈가 있다는 뜻으로, 예사로운 말 속에 단단한 속뜻이 들어 있음을 이르는 말이에요.

실생활 적용 예시문

언중유골이라더니, 그 말을 괜히 한 게 아니구나.

言	言					
말씀 언	丶亠言言言言言					
中	中					
가운데 중	丶口口中					
有	有					
있을 유	丿ナ才有有有					
骨	骨					
뼈 골	丨口口曰骨骨骨					

如反掌

여반장

손바닥을 뒤집는 것 같다는 뜻으로, 일이 매우 쉬움을 이르는 말이에요.

실생활 적용 예시문

철수의 주의를 딴 데로 돌리기는 여반장이야.

如	如					
같을 여	乚女女如如如					
反	反					
돌이킬 반	一厂万反					
掌	掌					
손바닥 장	丷丷半半常常常堂掌					
如	反	掌				

緣木求魚

연목구어

나무에 올라가서 물고기를 구한다는 뜻으로, 도저히 불가능한 일을 굳이 하려 함을 비유적으로 이르는 말이에요.

실생활 적용 예시문

공부는 하지 않는데 점수가 오르기를 바라는 것은 연목구어나 마찬가지야.

緣	緣					
인연 연	丨幺幺糸糸糸糸糸糸緣緣					
木	木					
나무 목	一十才木					
求	求					
구할 구	一十才才求求求					
魚	魚					
물고기 어	丿夕色鱼鱼魚魚					

拈華微笑

염화미소

말로 통하지 아니하고 마음에서 마음으로 전하는 일을 말해요.

실생활 적용 예시문

석가모니는 염화미소로 중생들에게 답했어.

拈 집을 염	拈 `一 十 扌 扐 扒 拈 拈 拈`			
華 빛날 화	華 `一 十  artifact 华 莅 莁 莩 華`			
微 작을 미	微 `' ノ 彳 彳 彳 衧 伳 伿 御 微 微 微`			
笑 웃음 소	笑 `ノ 人 ⺮ 竺 竺 竺 笑 笑`			

五里霧中

오리무중

오 리나 되는 짙은 안개 속에 있다는 뜻으로, 무슨 일에 대하여 방향이나 갈피를 잡을 수 없음을 이르는 말이에요.

실생활 적용 예시문

범인의 행방이 오리무중이다.

五 다섯 오	五 `一 丁 五 五`			
里 마을 리	里 `丨 口 曰 曰 旦 里 里`			
霧 안개 무	霧 `一 宀 雨 雨 雫 雫 霚 霚 霖 霧 霧`			
中 가운데 중	中 `丨 口 口 中`			

烏飛梨落

오비이락

까마귀 날자 배 떨어진다는 뜻으로, 아무 관계도 없이 한 일이 공교롭게도 때가 같아 억울하게 의심을 받거나 난처한 위치에 서게 됨을 이르는 말이에요.

실생활 적용 예시문

어제 한 일이 공교롭게도 오비이락일세.

烏 까마귀 오	烏 `' 亻 亣 亣 烏 烏 烏 烏`			
飛 날 비	飛 `乁 乁 飞 飞 飞 飛 飛 飛 飛`			
梨 배나무 이	梨 `亻 二 千 禾 利 利 梨 梨`			
落 떨어질 락	落 `一 十 艹 艹 莎 莎 莎 茨 落 落 落`			

60

傲霜孤節

오상고절

서릿발이 심한 속에서도 굴하지 아니하고 외로이 지키는 절개라는 뜻으로, '국화'를 이르는 말이에요.

실생활 적용 예시문

오상고절은 너뿐인가 하노라.

傲	傲				
거만할 **오**	ノ イ イ′ イ″ イ″ 仹 倖 傲 傲 傲				
霜	霜				
서리 **상**	一 一 一 爫 币 乘 雪 雷 霜 霜				
孤	孤				
외로울 **고**	⁊ 了 孑 孑 孔 弧 孤 孤				
節	節				
마디 **절**	ノ ⺮ 竹 竹 笁 笁 笁 筲 筲 節 節				

五十步百步

오십보백보

조금 낮고 못한 정도의 차이는 있으나 본질적으로는 차이가 없음을 이르는 말이에요.

실생활 적용 예시문

150과 151은 도토리 키 재기로 오십보백보다.

五	五				
다섯 **오**	一 丆 五 五				
十	十				
열 **십**	一 十				
步	步				
걸음 **보**	١ ⺊ ⺊ 步 步 步 步				
百	百		步	步	
일백 **백**	一 丆 丆 百 百 百	걸음 **보**	١ ⺊ ⺊ 步 步 步 步		

吳越同舟

오월동주

서로 적의를 품은 사람들이 한자리에 있게 된 경우나 서로 협력하여야 하는 상황을 비유적으로 이르는 말이에요.

실생활 적용 예시문

지금은 오월동주를 생각해야 할 시기요.

吳	吳				
성씨 **오**	١ ⺈ 口 吕 吕 旲 吳				
越	越				
넘을 **월**	一 十 土 丰 丰 走 走 赿 越 越 越				
同	同				
한가지 **동**	١ 冂 冂 同 同				
舟	舟				
배 **주**	′ ⺁ 力 力 舟 舟				

烏合之衆

오합지중

까마귀가 모인 것처럼 질서가 없이 모인 병졸이라는 뜻으로, 임시로 모여들어서 규율이 없고 무질서한 병졸 또는 군중을 이르는 말이에요.

실생활 적용 예시문

지금 성내에는 오합지중으로 된 수성군 이백 명이 있을 뿐이오.

烏	烏				
까마귀 **오**	′ 亻 户 户 户 烏 烏 烏 烏				
合	合				
합할 **합**	ノ 人 스 合 合 合				
之	之				
갈 **지**	` ㇇ 之				
衆	衆				
무리 **중**	′ 白 血 血 卑 乑 衆				

溫故知新

온고지신

옛것을 익히고 그것을 미루어서 새것을 앎을 말해요.

실생활 적용 예시문

고전의 생명은 온고지신에 있다.

溫	溫				
따뜻할 **온**	氵 氾 泗 泗 淠 溫 溫				
故	故				
연고 **고**	一 十 古 古 古 古 故 故				
知	知				
알 **지**	𠂉 𠃋 午 矢 矢 知 知				
新	新				
새 **신**	亠 立 立 亲 亲 新 新				

臥薪嘗膽

와신상담

불편한 섶에 몸을 눕히고 쓸개를 맛본다는 뜻으로, 원수를 갚거나 마음먹은 일을 이루기 위해 온갖 어려움을 참고 견딘다는 말이에요.

실생활 적용 예시문

우리 팀은 작년의 예선 탈락의 수모를 씻고자 와신상담의 노력을 기울여 왔다.

臥	臥				
누울 **와**	一 丆 丂 亏 臣 臣 臥 臥				
薪	薪				
섶 **신**	一 十 艹 艹 芉 芏 荰 荰 蕠 薪 薪 薪 薪				
嘗	嘗				
맛볼 **상**	丨 丷 ⺍ 尚 尚 尚 嘗 嘗 嘗				
膽	膽				
쓸개 **담**	月 月 肜 肣 胪 膽 膽 膽 膽				

樂山樂水

요산요수

산수(山水)의 자연을 즐기고 좋아함을 뜻해요.

실생활 적용 예시문

요산요수라 산은 자주빛으로 선명하구나.

樂	樂				
좋아할 요	´ ⁿ ⁿ ⁿ ⁿ 纳 纳 樂 樂 樂				
山	山				
메 산	ㅣ 山 山				
樂	樂				
좋아할 요	´ ⁿ ⁿ ⁿ ⁿ 纳 纳 樂 樂 樂				
水	水				
물 수	ㅣ ㅓ 水 水				

龍頭蛇尾

용두사미

용의 머리와 뱀의 꼬리라는 뜻으로, 처음은 왕성하나 끝이 부진한 현상을 이르는 말이에요.

실생활 적용 예시문

용두사미로 끝내지 말고 착실한 독서회가 되었으면 좋겠다.

龍	龍				
용 용	ㅗ ㅛ 亠 育 育 前 龍 龍				
頭	頭				
머리 두	ㄱ 曱 豆 亘 亘 頭 頭 頭				
蛇	蛇				
긴 뱀 사	ㅁ ㅁ 虫 虫 虫 虫 蛇 蛇 蛇				
尾	尾				
꼬리 미	ㄱ ㄱ 尸 尸 尸 尾 尾				

類萬不同

유만부동

비슷한 것이 많으나 서로 같지는 아니함을 말해요.

실생활 적용 예시문

배은망덕도 유만부동이지, 어이가 없어 기가 막힌다.

類	類				
무리 유	´ ´ 半 米 米 米 類 類 類 類				
萬	萬				
일만 만	ㅗ ㅛ 艹 莒 莒 萬 萬 萬				
不	不				
아닐 부	ㅜ ㄱ 不 不				
同	同				
한가지 동	ㅣ ㄇ ㄇ 同 同				

唯我獨尊

유아독존

세상에서 자기 혼자 잘났다고 뽐내는 태도를 뜻해요.

실생활 적용 예시문

유아독존이면 친구를 사귈 수 없어.

唯	唯				
오직 유, 누구 수	ロ ロ 啡 啡 唯 唯				
我	我				
나 아	´ 二 f 手 我 我 我				
獨	獨				
홀로 독	´ ノ �system 犭 犭 狎 猬 獨 獨 獨				
尊	尊				
높을 존	´ ハ ᐢ 台 台 帶 酋 尊 尊				

流言蜚語

유언비어

아무 근거 없이 널리 퍼진 소문. 터무니 없이 떠도는 말을 뜻해요.

실생활 적용 예시문

선거철에는 종종 상대 후보를 비방하는 유언비어가 떠돈다.

流	流				
흐를 유	; 汢 沪 浐 浐 流 流				
言	言				
말씀 언	` 亠 亠 言 言 言 言				
蜚	蜚				
바퀴 비	ノ ㅋ 키 非 非 韭 韭 蜚 蜚 蜚				
語	語				
말씀 어	亠 亠 言 訂 語 語 語				

類類相從

유유상종

같은 무리끼리 서로 사귄다는 뜻이에요.

실생활 적용 예시문

유유상종이라고 하더니 고만고만한 녀석들끼리 모였다.

類	類				
무리 유	゛ ⺌ ᐟ 半 米 半 米 類 類 類				
類	類				
무리 유	゛ ⺌ ᐟ 半 米 半 米 類 類 類				
相	相				
서로 상	一 十 オ 木 村 相 相 相 相				
從	從				
좇을 종	´ ᐟ 彳 徔 徔 徔 從				

吟風弄月

음풍농월

맑은 바람과 밝은 달을 대상으로 시를 짓고 흥취를 자아내어 즐겁게 놂을 말해요.

실생활 적용 예시문

선비들은 음풍농월을 즐겼어.

吟	吟				
읊을 음, 입 다물 금	` 丨 口 叭 吟 吟 吟 `				
風	風				
바람 풍	` 丿 几 凡 凤 凨 風 風 `				
弄	弄				
희롱할 농	` 一 二 干 王 丟 弄 弄 `				
月	月				
달 월	` 丿 几 月 月 `				

以心傳心

이심전심

마음과 마음으로 서로 뜻이 통함을 말해요.

실생활 적용 예시문

우리는 이심전심으로 통해요.

以	以				
써 이	` 丨 レ レ 以 以 `				
心	心				
마음 심	` 丶 心 心 心 `				
傳	傳				
전할 전	` 丿 亻 仁 伒 俥 俥 傳 傳 傳 傳 `				
心	心				
마음 심	` 丶 心 心 心 `				

二律背反

이율배반

서로 모순되는 두 명제가 동등한 타당성을 가지고 주장되는 일을 말해요.

실생활 적용 예시문

그 명제는 이율배반적이야.

二	二				
두 이	` 一 二 `				
律	律				
법칙 율	` 丶 彳 彳 彳 律 律 律 `				
背	背				
등, 배반할 배	` 丬 扌 土 北 北 背 背 背 `				
反	反				
돌이킬 반	` 一 厂 反 反 `				

李下不整冠

이하부정관

자두나무 밑에서 갓을 고쳐 쓰지 말라는 뜻으로, 남에게 의심 살 만한 일은 피하는 것이 좋음을 비유적으로 이르는 말이에요.

실생활 적용 예시문

어떤 행동이라도 이하부정관을 가슴에 새기는 게 좋아.

李	李				
오얏 이	一 十 才 木 本 李 李				
下	下				
아래 하	一 丁 下				
不	不				
아닐 부	一 丆 不 不				
整	整		冠	冠	
가지런할 정	束 敕 敕 敕 整 整		갓 관	冖 冗 冠 冠 冠 冠	

耳懸鈴鼻懸鈴

이현령비현령

귀에 걸면 귀걸이 코에 걸면 코걸이라는 뜻으로, 어떤 사실이 이렇게도 저렇게도 해석됨을 이르는 말이에요.

실생활 적용 예시문

남의 덕으로 사는 무리는 이현령비현령으로 비위만 맞추는 법이야.

耳	耳				
귀 이	一 下 丌 下 耳 耳				
懸	懸				
달 현	日 且 県 県 県 懸 懸 懸				
鈴	鈴		鼻	鼻	
방울 령	倉 金 釒 釠 鈴 鈴		코 비	白 鳥 畠 皇 鼻 鼻	
懸	懸		鈴	鈴	
달 현	且 県 県 県 懸 懸		방울 령	倉 金 釒 釠 鈴 鈴	

益者三友

익자삼우

사귀어서 도움이 되는 세 가지의 벗. 심성이 곧은 사람과 믿음직한 사람, 문견이 많은 사람을 말해요.

실생활 적용 예시문

넌 익자삼우가 있으니 정말 좋겠다.

益	益				
더할 익	´ ハ 스 父 谷 谷 益				
者	者				
놈 자	土 耂 者 者 者				
三	三				
석 삼	一 二 三				
友	友				
벗 우	一 ナ 方 友				

因果應報

인과응보

선을 행하면 선의 결과가, 악을 행하면 악의 결과가 반드시 뒤따름을 뜻해요.

실생활 적용 예시문

놀부가 벌을 받게 되는 것은 인과응보야.

因	因				
인할 **인**	ㅣ 冂 冃 冈 因 因				
果	果				
실과 **과**	ㅣ 冂 冃 日 旦 旱 果 果				
應	應				
응할 **응**	﹅ 广 广 广 府 府 府 府 雁 雁 雁 應 應				
報	報				
갚을 **보**	一 十 土 キ 击 幸 幸 幸 幸 圶 報 報				

日久月深

일구월심

날이 오래고 달이 깊어 간다는 뜻으로, 세월이 흐를수록 더함을 이르는 말이에요.

실생활 적용 예시문

이모는 아이 갖기를 일구월심으로 바랐다.

日	日				
날 **일**	ㅣ 冂 月 日				
久	久				
오랠 **구**	ノ ク 久				
月	月				
달 **월**	ノ 刀 月 月				
深	深				
깊을 **심**	氵 沪 沪 汃 沪 深 深				

一魚濁水

일어탁수

한 마리의 물고기가 물을 흐린다는 뜻으로, 한 사람의 잘못으로 여러 사람이 피해를 입게 됨을 이르는 말이에요.

실생활 적용 예시문

일어탁수라더니 이 사건이 바로 그렇구나.

一	一				
한 **일**	一				
魚	魚				
물고기 **어**	ノ ク 召 台 角 魚 魚 魚				
濁	濁				
흐릴 **탁**	氵 沪 沪 沪 濁 濁 濁				
水	水				
물 **수**	ㅣ 刀 水 水				

一日三秋

일일삼추

하루가 삼 년 같다는 뜻으로, 몹시 애태우며 기다림을 이르는 말이에요.

실생활 적용 예시문

합격 통지서를 기다리는 것이 일일삼추 같아.

一						
한 일	一					
日						
날 일	�｜ 冂 冃 日					
三						
석 삼	一 二 三					
秋						
가을 추	ノ 二 千 禾 禾 秒 秋 秋					

一場春夢

일장춘몽

한바탕의 봄꿈이라는 뜻으로, 헛된 영화나 덧없는 일을 비유적으로 이르는 말이에요.

실생활 적용 예시문

참말로 세월이 일장춘몽이야.

一						
한 일	一					
場						
마당 장	一 圠 圠 圹 垣 埸 場 場					
春						
봄 춘	一 二 三 丰 夫 表 春 春					
夢						
꿈 몽	一 ヰ 艹 莎 莎 苗 苗 莭 夢 夢 夢					

日就月將

일취월장

나날이 다달이 자라거나 발전함을 말해요.

실생활 적용 예시문

철수가 한번 마음을 먹고 공부에 전념하니 일취월장이야.

日						
날 일	ㅣ 冂 冃 日					
就						
나아갈 취	一 亠 亠 亯 京 京 尉 就 就					
月						
달 월	ノ 刀 月 月					
將						
장차, 장수 장	ㅣ ㅓ ㅓ ㅓ 护 护 牌 將 將					

一筆揮之

일 필 휘 지

글씨를 단숨에 죽 내리 씀을 말해요.

실생활 적용 예시문

할아버지는 일필휘지로 적으셨다.

一	一			
한 일	一			
筆	筆			
붓 필	ノ ト ト ゲ ゲ 芝 笋 笙 筆 筆			
揮	揮			
휘두를 휘	一 十 扌 扩 扩 指 捐 揎 揮			
之	之			
갈 지	` ㇖ 之			

自家撞着

자 가 당 착

같은 사람의 말이나 행동이 앞뒤가 서로 맞지 아니하고 모순됨을 말해요.

실생활 적용 예시문

이 글은 처음의 주장을 부인하는 자가당착에 빠졌다.

自	自			
스스로 자	ノ 亻 自 自 自 自			
家	家			
집 가	` 宀 宀 宇 宇 家 家 家			
撞	撞			
칠 당	一 十 扌 扩 护 护 掊 揎 撞 撞			
着	着			
붙을 착	` ` 兰 羊 羊 着 着 着			

自繩自縛

자 승 자 박

자기의 줄로 자기 몸을 옭아 묶는다는 뜻으로, 자기가 한 말과 행동에 자기 자신이 옭혀 곤란하게 됨을 비유적으로 이르는 말이에요.

실생활 적용 예시문

현수의 선택은 자승자박이다.

自	自			
스스로 자	ノ 亻 自 自 自 自			
繩	繩			
노끈 승	ㄠ ㄠ 糸 紀 紀 紀 細 細 繩 繩			
自	自			
스스로 자	ノ 亻 自 自 自 自			
縛	縛			
얽을 박	ㄠ 夅 糸 紆 紳 紳 紳 紳 縛 縛			

自畫自讚

자화자찬

자기가 그린 그림을 스스로 칭찬한다는 뜻으로, 자기가 한 일을 스스로 자랑함을 이르는 말이에요.

실생활 적용 예시문

자화자찬처럼 들리겠지만 이 작품은 내가 심혈을 기울인 거야.

自	自				
스스로 자	′ ′ 亻 自 自 自				
畫	畫				
그림 화	⁊ ⁊ ⁊ ⁊ 串 書 書 書 書 畫 畫				
自	自				
스스로 자	′ ′ 亻 自 自 自				
讚	讚				
기릴 찬	言 言 言 言 訐 訐 誹 誹 誹 讚 讚 讚				

張三李四

장삼이사

장씨(張氏)의 셋째 아들과 이씨(李氏)의 넷째 아들이라는 뜻으로, 이름이나 신분이 특별하지 아니한 평범한 사람들을 이르는 말이에요.

실생활 적용 예시문

평화로운 시대에 태어났더라면 장삼이사로 조용하게 살았을 거야.

張	張				
베풀 장	⁊ 弓 弘 張 張 張 張				
三	三				
석 삼	ー ニ 三				
李	李				
오얏 이	一 十 才 木 本 李 李				
四	四				
넉 사	l 冂 冈 四 四				

賊反荷杖

적반하장

도둑이 도리어 매를 든다는 뜻으로, 잘못한 사람이 아무 잘못도 없는 사람을 나무람을 이르는 말이에요.

실생활 적용 예시문

적반하장도 유분수지.

賊	賊				
도둑 적	貝 貝 貯 賦 賦 賊 賊				
反	反				
돌이킬 반	′ 厂 反 反				
荷	荷				
멜 하	一 艹 艹 艼 荷 荷 荷				
杖	杖				
지팡이 장	一 十 才 木 杙 杖				

赤手空拳

적수공권

맨손과 맨주먹이라는 뜻으로, 아무것도 가진 것이 없음을 이르는 말이에요.

실생활 적용 예시문

칼도 아니 든 적수공권인 빈주먹이야.

赤	赤				
붉을 적	一 十 土 ナ 方 赤 赤				
手	手				
손 수	ノ 二 三 手				
空	空				
빌 공	ノ 宀 宀 宀 空 空 空				
拳	拳				
주먹 권	ハ ソ 半 半 券 拳 拳				

戰戰兢兢

전전긍긍

몹시 두려워서 벌벌 떨며 조심함을 말해요.

실생활 적용 예시문

전전긍긍 애쓰지 말고 나에게 말해 봐.

戰	戰				
싸움 전	' '' 門 胃 單 戰 戰				
戰	戰				
싸움 전	' '' 門 胃 單 戰 戰				
兢	兢				
떨릴 긍	一 十 古 克 克 兢 兢 兢				
兢	兢				
떨릴 긍	一 十 古 克 克 兢 兢 兢				

轉禍爲福

전화위복

재앙과 근심, 걱정이 바뀌어 오히려 복이 됨을 말해요.

실생활 적용 예시문

현재의 어려움을 전화위복의 계기로 삼으렴.

轉	轉				
구를 전	一 一 百 亘 車 軒 軒 轉 轉 轉 轉				
禍	禍				
재앙 화	二 亍 豸 和 和 禍 禍				
爲	爲				
할 위	ノ ハ 广 产 乒 爲 爲 爲				
福	福				
복 복	二 亍 示 和 和 和 福 福 福 福				

漸入佳境

점입가경

들어갈수록 점점 재미가 있음을 뜻해요.

실생활 적용 예시문

설악산은 안으로 깊이 들어갈수록 그 멋이 점입가경이다.

漸	漸				
점점, 적실 **점**	氵汜汜汇津漸漸				
入	入				
들 **입**	丿入				
佳	佳				
아름다울 **가**	亻亻仁仹仹佳佳				
境	境				
지경 **경**	土圹圹埠境墇境				

切齒腐心

절치부심

몹시 분하여 이를 갈며 속을 썩인다는 뜻이에요.

실생활 적용 예시문

3년 동안 절치부심하여 새로운 앨범을 발표했어요.

切	切				
끊을 **절**	一七切切				
齒	齒				
이 **치**	丨⺊⺊歩歩歯齒齒				
腐	腐				
썩을 **부**	广广府府腐腐腐				
心	心				
마음 **심**	丶心心心				

頂門一鍼

정문일침

정수리에 침을 놓는다는 뜻으로, 따끔한 충고나 교훈을 이르는 말이에요.

실생활 적용 예시문

스승님이 정문일침을 가하는 꿈을 꾸었어.

頂	頂				
정수리 **정**	一丁丆顶頂頂頂				
門	門				
문 **문**	丨冂冂冋門門				
一	一				
한 **일**	一				
鍼	鍼				
침 **침**	亽牟车金釿鈨鈨鍼鍼鍼				

井底之蛙

정저지와

우물 안의 개구리. 식견이 좁거나 편견에 사로잡혀 세상이 넓은 줄을 모르는 사람을 비유하는 말이에요.

실생활 적용 예시문

생각하는 모양새가 꼭 정저지와 같구나.

	연습
井 우물 정	一 二 丗 井
底 밑 저	一 广 广 庐 庐 底 底
之 갈 지	丶 亠 之
蛙 개구리 와	口 中 虫 虫 虻 虻 蚌 蚌 蛙

糟糠之妻

조강지처

지게미와 쌀겨로 끼니를 이을 때의 아내라는 뜻으로, 몹시 가난하고 천할 때에 고생을 함께 겪어 온 아내를 이르는 말이에요.

실생활 적용 예시문

고생을 함께한 조강지처는 버릴 수 없는 법이다.

	연습
糟 지게미 조	丶 丷 半 米 米 籵 籵 糟 糟 糟 糟
糠 겨 강	丶 丷 半 米 米 籵 籵 籵 糠 糠 糠 糠
之 갈 지	丶 亠 之
妻 아내 처	一 三 亖 圭 妻 妻 妻

朝令暮改

조령모개

아침에 명령을 내렸다가 저녁에 다시 고친다는 뜻으로, 법령을 자꾸 고쳐서 갈피를 잡기가 어려움을 이르는 말이에요.

실생활 적용 예시문

입시 제도가 조령모개로 바뀌니 힘들어.

	연습
朝 아침 조	十 古 直 卓 軵 朝 朝
令 하여금 령	丿 人 人 今 令
暮 저물 모	一 十 卅 荁 苩 莒 莫 莫 暮 暮
改 고칠 개	그 그 己 改 改 改 改

朝三暮四

조삼모사

아침에 세 개, 저녁에 네 개라는 뜻으로, 간사한 꾀로 남을 속여 희롱함을 이르는 말이에요.

실생활 적용 예시문

정책 개편안이 조삼모사라는 평가를 받았어요.

朝	朝				
아침 조	十 十 古 卓 朝 朝 朝				
三	三				
석 삼	一 二 三				
暮	暮				
저물 모	一 艹 艹 莒 莒 莫 莫 暮 暮				
四	四				
넉 사	丨 冂 冂 四 四				

左顧右眄

좌고우면

이쪽저쪽을 돌아본다는 뜻으로, 앞뒤를 재고 망설임을 이르는 말이에요.

실생활 적용 예시문

좌고우면에서 벗어나 결단으로 한 길을 택하렴.

左	左				
왼 좌	一 ナ 七 左 左				
顧	顧				
돌아볼 고	丶 丶 丿 户 户 户 雇 雇 雇 顧 顧 顧				
右	右				
오른쪽 우	ノ ナ 才 右 右				
眄	眄				
곁눈질할 면	丨 冂 目 盱 盱 盽 眄				

坐不安席

좌불안석

앉아도 자리가 편안하지 않다는 뜻으로, 마음이 불안하거나 걱정스러워서 가만히 앉아 있지 못하고 안절부절못하는 모양을 말해요.

실생활 적용 예시문

나의 하루하루는 바늘방석에 앉은 것 같은 좌불안석이었다.

坐	坐				
앉을 좌	丿 人 人 丛 丛 坐 坐				
不	不				
아닐 불	一 丆 才 不				
安	安				
편안 안	丶 丶 宀 宀 安 安				
席	席				
자리 석	丶 广 广 广 庐 庐 席 席				

左之右之

좌지우지

이리저리 제 마음대로 휘두르거나 다룸을 말해요.

실생활 적용 예시문

대장은 게임을 좌지우지해요.

左 왼 좌	一ナ左左左
之 갈 지	丶亠之
右 오른쪽 우	ノナ右右右
之 갈 지	丶亠之

主客顚倒

주객전도

주인과 손의 위치가 서로 뒤바뀐다는 뜻으로, 사물의 경중 · 선후 · 완급 따위가 서로 뒤바뀜을 이르는 말이에요.

실생활 적용 예시문

주객전도라더니 위로를 받아야 할 분이 위로를 하네요.

主 임금, 주인 주	丶亠二主主
客 손 객	丶宀宀宀灾客
顚 엎드러질 전	十片自自真真真顚顚顚
倒 넘어질 도	ノイケ仵侄侄倒

走馬加鞭

주마가편

달리는 말에 채찍질한다는 뜻으로, 잘하는 사람을 더욱 장려함을 이르는 말이에요.

실생활 적용 예시문

'박차를 가한다' 는 말은 주마가편과 같은 뜻을 가졌어.

走 달릴 주	十土土丰走走
馬 말 마	丨厂厂厈馬馬
加 더할 가	フカ加加加
鞭 채찍 편	一廿廿벜革革靪靲靲鞭鞭鞭

走馬看山

주마간산

말을 타고 달리며 산천을 구경한다는 뜻으로, 자세히 살피지 아니하고 대충대충 보고 지나감을 이르는 말이에요.

실생활 적용 예시문

대부분의 관광객은 주마간산으로 지나친다.

走 달릴 주	走				
	十土キキ走走				
馬 말 마	馬				
	丨厂ㅏ厍馬馬馬				
看 볼 간	看				
	三チチ看看看看				
山 메 산	山				
	丨山山				

酒池肉林

주지육림

술로 연못을 이루고 고기로 숲을 이룬다는 뜻으로, 호사스러운 술잔치를 이르는 말이에요.

실생활 적용 예시문

원님은 날마다 주지육림에 풍악과 잔치로 보낸답니다.

酒 술 주	酒				
	ヽ氵汀沂酒酒酒				
池 못 지	池				
	ヽヽ氵汁油池				
肉 고기 육	肉				
	丨冂内内肉肉				
林 수풀 림	林				
	十才才木朴杵林				

竹馬故友

죽마고우

대말을 타고 놀던 벗이라는 뜻으로, 어릴 때부터 같이 놀며 자란 벗을 말해요.

실생활 적용 예시문

죽마고우인 그 둘은 이제 습관까지 닮아 간다.

竹 대 죽	竹				
	ノ乂乄ペ竹竹				
馬 말 마	馬				
	丨厂ㅏ厍馬馬馬				
故 연고 고	故				
	一十古古古故故故				
友 벗 우	友				
	一ナ方友				

竹杖芒鞋

죽장망혜

대지팡이와 짚신이란 뜻으로, 먼 길을 떠날 때의 아주 간편한 차림새를 이르는 말이에요.

실생활 적용 예시문

죽장망혜 빈손으로 향산을 찾아갑니다.

한자	훈음	필순				
竹	대 죽	ノ ノ ノ ∜ ∜ 竹				
杖	지팡이 장	一 十 オ 木 杧 杖				
芒	까끄라기 망	一 十 艹 艹 芒 芒				
鞋	신 혜	一 廿 廿 苗 莒 革 革 靽 鞋 鞋				

衆寡不敵

중과부적

적은 수효로 많은 수효를 대적하지 못함을 말해요.

실생활 적용 예시문

군민이 힘을 합했으나 중과부적으로 적에게 쫓기고 말았다.

한자	훈음	필순				
衆	무리 중	ノ ヴ 血 血 兔 兔 衆				
寡	적을 과	` ゛ 宀 宀 宇 宇 宮 宣 寏 寡 寡				
不	아닐 부	一 ナ オ 不				
敵	대적할 적	亠 宀 肀 肓 肓 商 商 敵 敵 敵				

衆口難防

중구난방

뭇사람의 말을 막기가 어렵다는 뜻으로, 막기 어려울 정도로 여럿이 마구 지껄임을 이르는 말이에요.

실생활 적용 예시문

각각 여러 패로 나누어져 의견이 중구난방이다.

한자	훈음	필순				
衆	무리 중	ノ ヴ 血 血 兔 兔 衆				
口	입 구	｜ 冂 口				
難	어려울 난	一 廿 廿 苗 莒 莫 萋 萋 鄭 難 難 難				
防	막을 방	' 了 F 阝 阝 防 防				

重言復言

중언부언

이미 한 말을 자꾸 되풀이함. 또는 그런 말을 뜻해요.

실생활 적용 예시문

너답지 않게 중언부언이냐?

重	重				
무거울 **중**	ノ 一 千 千 斤 盲 盲 重 重				
言	言				
말씀 **언**	、 一 ニ 亠 言 言 言 言				
復	復				
다시 **부**	ノ 彳 彳 彳 彳 彳 復 復				
言	言				
말씀 **언**	、 一 亠 言 言 言 言 言				

中原逐鹿

중원축록

넓은 들판 한가운데서 사슴을 쫓는다는 뜻으로, 군웅이 제왕의 지위를 얻으려고 다투는 일을 이르는 말이에요.

실생활 적용 예시문

올해는 세계시장의 주도권을 놓고 치열한 다툼을 벌이는 중원축록의 해가 될 거야.

中	中				
가운데 **중**	、 口 口 中				
原	原				
언덕 **원**	一 厂 厂 厈 盾 盾 原 原				
逐	逐				
쫓을 **축**	一 丁 豕 豕 豕 涿 逐 逐				
鹿	鹿				
사슴 **록**	一 广 户 庐 庐 庐 鹿 鹿				

指鹿爲馬

지록위마

윗사람을 농락하여 권세를 마음대로 함을 이르는 말이에요.

실생활 적용 예시문

진나라 환관 조고는 지록위마의 고사를 남겼다.

指	指				
가리킬 **지**	一 十 扌 扩 护 护 指 指				
鹿	鹿				
사슴 **록**	一 广 户 庐 庐 庐 鹿 鹿				
爲	爲				
할 **위**	一 灬 爫 产 产 爲 爲 爲				
馬	馬				
말 **마**	一 厂 厂 馬 馬 馬 馬				

支離滅裂

지리멸렬

이리저리 흩어지고 찢기어 갈피를 잡을 수 없음을 말해요.

실생활 적용 예시문

사명감이 없는 사람은 단 하루도 견디지 못할 만큼 지리멸렬 상태였죠.

支	支
지탱할 **지**	一 十 ㄅ 支
離	離
떠날 **리**	亠 ナ 文 㐫 㐫 卤 离 离 離 離 離
滅	滅
꺼질 **멸**	氵 氵 汇 沂 沂 沂 泝 泝 滅 滅 滅
裂	裂
찢을 **렬**	一 歹 歹 列 列 刿 裂 裂 裂

進退維谷

진퇴유곡

이러지도 저러지도 못하고 꼼짝할 수 없는 궁지를 뜻해요.

실생활 적용 예시문

왜적들은 진퇴유곡에 빠졌다.

進	進
나아갈 **진**	亻 亻 仁 仹 隹 進 進
退	退
물러날 **퇴**	7 ヨ 艮 艮 艮 退 退
維	維
벼리 **유**	幺 幺 糸 糹 糹 紒 絆 維 維
谷	谷
골 **곡**	ノ ハ 厶 仌 仌 谷 谷

嫉逐排斥

질축배척

시기하고 미워하여 물리침을 뜻해요.

실생활 적용 예시문

질축배척이 심하면 좋은 이웃이 될 수 없어.

嫉	嫉
미워할 **질**	𡿨 女 女 女 女 奷 奷 妒 嫉 嫉
逐	逐
쫓을 **축**	一 丂 豕 豕 豕 涿 逐
排	排
밀칠 **배**	一 扌 扌 扌 扌 排 排
斥	斥
물리칠 **척**	一 厂 斤 斤 斥

此日彼日

차일피일

이날 저 날 하고 자꾸 기한을 미루는 모양을 뜻해요.

실생활 적용 예시문

차일피일 지내다 보니 어느새 시험을 보는 날이 되었다.

此	此				
이 차	ㅣ ㅏ ㅒ 止 此 此				
日	日				
날 일	ㅣ 冂 月 日				
彼	彼				
저 피	ノ ㅓ ㅓ 犭 犳 彷 彼 彼				
日	日				
날 일	ㅣ 冂 月 日				

滄海一粟

창해일속

넓고 큰 바닷속의 좁쌀 한 알이라는 뜻으로, 아주 많거나 넓은 것 가운데 있는 매우 하찮고 작은 것을 이르는 말이에요.

실생활 적용 예시문

지구도 우주에 비하면 창해일속만도 못하다.

滄	滄				
큰 바다 창	氵 汋 汋 汵 汵 汵 浐 滄 滄 滄				
海	海				
바다 해	丶 氵 氵 汇 汪 海 海 海				
一	一				
한 일	一				
粟	粟				
조 속	冖 襾 襾 覀 覃 粟 粟 粟				

天高馬肥

천고마비

하늘이 높고 말이 살찐다는 뜻으로, 하늘이 맑아 높푸르게 보이고 온갖 곡식이 익는 가을철을 이르는 말이에요.

실생활 적용 예시문

가을은 천고마비의 계절이다.

天	天				
하늘 천	一 二 チ 天				
高	高				
높을 고	丶 亠 古 古 高 高 高 高				
馬	馬				
말 마	ㅣ 厂 ㅌ 丐 馬 馬				
肥	肥				
살찔 비	刀 刀 月 月 肝 肥 肥				

天方地軸

천방지축

못난 사람이 종작없이 덤벙이는 일을 말해요.

실생활 적용 예시문

그전에는 천방지축 어린 나이였고 이제는 감수성이 풍부해요.

天	天				
하늘 천	一 二 チ 天				
方	方				
모 방	、 一 方 方				
地	地				
땅 지	一 十 土 土 圵 地				
軸	軸				
굴대 축	一 匚 冂 日 旦 車 軒 軸 軸 軸				

泉石膏肓

천석고황

자연의 아름다운 경치를 몹시 사랑하고 즐기는 게 마치 불치병에 걸린 것 같다는 뜻이에요.

실생활 적용 예시문

정철의 관동별곡에 천석고황이 나와요.

泉	泉				
샘 천	' 宀 白 白 白 身 泉				
石	石				
돌 석	一 厂 ズ 石 石				
膏	膏				
기름 고	、 一 古 亠 高 高 膏 膏				
肓	肓				
명치끝 황	、 一 亠 亡 产 肓 肓				

天衣無縫

천의무봉

천사의 옷은 꿰맨 흔적이 없다는 뜻으로, 일부러 꾸민 데 없이 자연스럽고 아름다우면서 완전함을 이르는 말이에요.

실생활 적용 예시문

이곳은 꾸밈이 없는 천의무봉의 화원이다.

天	天				
하늘 천	一 二 チ 天				
衣	衣				
옷 의	、 一 ナ 才 才 衣				
無	無				
없을 무	' 二 無 無 無 無				
縫	縫				
꿰맬 봉	' 幺 糸 糸' 約 終 絟 縫 縫 縫				

千仞斷崖
천인단애

천 길이나 되는 높은 낭떠러지를 말해요.

실생활 적용 예시문

발밑은 천인단애 황천 계곡에 단풍이 붉다.

千					
일천 천 `´ ´ 千`					
仞					
길 인 `´ 亻 仞 仞 仞`					
斷					
끊을 단 `⼚ ⼚ ⼚ 絲 絲 斷 斷`					
崖					
언덕 애 `⼀ 屮 山 屵 屵 屵 崖 崖`					

千紫萬紅
천자만홍

울긋불긋한 여러 가지 꽃의 빛깔. 또는 그런 빛깔의 꽃을 말해요.

실생활 적용 예시문

천자만홍 고운 꽃이 봄바람과 춤을 추는 것 같다.

千					
일천 천 `´ ´ 千`					
紫					
자줏빛 자 `⼁ ⼂ 此 此 此 紫 紫 紫 紫`					
萬					
일만 만 `⼀ ⼁ 艹 芎 莒 萬 萬 萬`					
紅					
붉을 홍 `´ 幺 幺 糸 糽 紅 紅`					

千載一遇
천재일우

천 년 동안 단 한 번 만난다는 뜻으로, 좀처럼 만나기 어려운 좋은 기회를 이르는 말이에요.

실생활 적용 예시문

천재일우의 시기를 맞이하다.

千					
일천 천 `´ ´ 千`					
載					
실을 재 `⼀ 十 士 吉 吉 車 載 載 載`					
一					
한 일 `一`					
遇					
만날 우 `日 禺 禺 遇 遇 遇`					

徹頭徹尾

철두철미

처음부터 끝까지 철저하게를 뜻해요.

실생활 적용 예시문

그들은 철두철미하게 유교 정책을 받들어 믿을 것을 강요했다.

徹	徹				
통할 철	´ ㅓ ㅓ ㅓ 徝 徝 徝 徝 徹 徹				
頭	頭				
머리 두	ㄱ ㅁ 豆 豆 頭 頭 頭				
徹	徹				
통할 철	´ ㅓ ㅓ ㅓ 徝 徝 徝 徝 徹 徹				
尾	尾				
꼬리 미	ㄱ ㄱ �尸 尸 尾 尾 尾				

徹天之冤

철천지원

하늘에 사무치는 크나큰 원한을 뜻해요.

실생활 적용 예시문

철천지원이나 용서하는 자가 진정한 승리자야.

徹	徹				
통할 철	´ ㅓ ㅓ ㅓ 徝 徝 徝 徝 徹 徹				
天	天				
하늘 천	ㅡ ㅡ ㅓ 天				
之	之				
갈 지	` ㅜ 之				
冤	冤				
원통할 원	` ´ 宀 宀 宀 宮 宮 冤 冤				

青出於藍

청출어람

쪽에서 뽑아낸 푸른 물감이 쪽보다 더 푸르다는 뜻으로, 제자나 후배가 스승이나 선배보다 나음을 비유적으로 이르는 말이에요.

실생활 적용 예시문

청출어람이라더니, 이젠 네가 스승보다 낫구나.

青	青				
푸를 청	ㅡ ㅓ 主 青 青 青				
出	出				
날 출	ㅣ ㅛ ㅛ 出 出				
於	於				
어조사 어	ㅗ ㅜ 方 方 於 於 於				
藍	藍				
쪽 람	ㅡ ㅓ 艹 艹 艹 萨 萨 萨 藍 藍 藍 藍				

寸鐵殺人

촌철살인

한 치의 쇠붙이로도 사람을 죽일 수 있다는 뜻으로, 간단한 말로도 남을 감동하게 하거나 남의 약점을 찌를 수 있음을 이르는 말이에요.

실생활 적용 예시문

해학과 유머 속에는 촌철살인의 비수가 숨어 있다.

寸	寸					
마디 촌	一 十 寸					
鐵	鐵					
쇠 철	ノ ヒ と 牟 牟 金 金 金' 金' 釒 鉎 鈝 鐕 鐕 鐵 鐵					
殺	殺					
죽일 살	ノ メ ナ 午 杀 杀 杀 矛 殺 殺					
人	人					
사람 인	ノ 人					

春雉自鳴

춘치자명

봄철의 꿩이 스스로 운다는 뜻으로, 제 허물을 스스로 드러냄으로써 남이 알게 된다는 말이에요.

실생활 적용 예시문

제 성깔을 주체 못 하고 춘치자명으로 내뱉고 말았다.

春	春					
봄 춘	一 二 三 声 夫 表 春 春					
雉	雉					
꿩 치	ノ ヒ ヒ 矢 矢 矵 矵 矵 雉 雉					
自	自					
스스로 자	' ノ 白 白 自 自					
鳴	鳴					
울 명	ㅣ ㅁ ㅁ' ㅁ′ 咱 鳴 鳴					

醉生夢死

취생몽사

술에 취하여 자는 동안에 꾸는 꿈속에 살고 죽는다는 뜻으로, 한평생을 하는 일 없이 흐리멍덩하게 살아감을 비유적으로 이르는 말이에요.

실생활 적용 예시문

이태백이 취생몽사로 나날을 보냈다고 해.

醉	醉					
취할 취	一 ㄐ 丙 酉 酉' 醉 醉					
生	生					
날 생	ノ ㅅ ㅗ 牛 生					
夢	夢					
꿈 몽	一 十 廿 苩 莳 苗 夢 夢 夢 夢					
死	死					
죽을 사	一 ㄏ 万 歹 歹 死					

七顚八起

칠전팔기

일곱 번 넘어지고 여덟 번 일어난다는 뜻으로, 여러 번 실패하여도 굴하지 아니하고 꾸준히 노력함을 이르는 말이에요.

실생활 적용 예시문

칠전팔기의 끈질긴 정신을 발휘하렴.

七	七					
일곱 **칠**	一七					
顚	顚					
엎드러질 **전**	´ ゛ ゛ ゛ ゛ ゛ ゛ ゛ ゛ 顚 顚					
八	八					
여덟 **팔**	ノ 八					
起	起					
일어날 **기**	一 ゛ ゛ ゛ 走 起 起 起					

七縱七擒

칠종칠금

마음대로 잡았다 놓아주었다 함을 이르는 말이에요.

실생활 적용 예시문

범인을 칠종칠금하는 경찰을 알고 있어.

七	七					
일곱 **칠**	一七					
縱	縱					
세로 **종**	゛ 糸 糸 糸 糸 糸 縱					
七	七					
일곱 **칠**	一七					
擒	擒					
사로잡을 **금**	一 扌 扌 扌 扌 扌 扌 擒 擒 擒 擒					

針小棒大

침소봉대

작은 일을 크게 불리어 떠벌림을 말해요.

실생활 적용 예시문

친구들이 침소봉대로 전하는 말을 들었어.

針	針					
바늘 **침**	ノ ゛ ゛ 金 金 金 針					
小	小					
작을 **소**	゛ 小 小					
棒	棒					
막대 **봉**	一 十 ゛ ゛ ゛ ゛ 棒 棒 棒					
大	大					
큰, 클 **대**	一 ナ 大					

他山之石

타산지석

다른 산의 나쁜 돌이라도 자신의 옥돌을 가는 데에 쓸 수 있다는 뜻으로, 하찮은 남의 말이나 행동도 자신의 인격을 수양하는 데 도움이 될 수 있음을 비유적으로 이르는 말이에요.

실생활 적용 예시문

지난 일은 타산지석으로 삼는 게 좋아.

他	他				
다를 타	ノ 亻 亻 佀 他				
山	山				
메 산	丨 屮 山				
之	之				
갈 지	丶 ㇇ 之				
石	石				
돌 석	一 ㇜ 不 石 石				

卓上空論

탁상공론

현실성이 없는 허황한 이론이나 논의를 말해요.

실생활 적용 예시문

월요일은 회의를 탁상공론으로 끝냈어.

卓	卓				
높을 탁	丨 ㇒ 占 占 卢 卓 卓				
上	上				
윗 상	丨 ㅏ 上				
空	空				
빌 공	丶 宀 宀 宁 空 空 空				
論	論				
논할 론	二 言 言 計 診 診 論 論 論				

貪官汚吏

탐관오리

백성의 재물을 탐내어 빼앗는, 행실이 깨끗하지 못한 관리를 말해요.

실생활 적용 예시문

탐관오리의 횡포가 심하다.

貪	貪				
탐낼 탐	人 亼 今 含 含 貪 貪				
官	官				
벼슬 관	丶 丶 宀 宁 宁 官 官				
汚	汚				
더러울 오	丶 丶 氵 疒 沪 汚				
吏	吏				
벼슬아치 리	一 口 口 叓 吏				

泰山北斗

태산북두

태산과 북두칠성을 아울러 이르며, 세상 사람들로부터 존경받는 사람을 비유적으로 이르는 말이에요.

실생활 적용 예시문

학자들도 그를 태산북두라며 우러러보았다.

泰	泰				
클 태	三 丰 夫 夫 泰 泰 泰				
山	山				
메 산	丨 凵 山				
北	北				
북녘 북	一 十 北 北 北				
斗	斗				
말 두	丶 丶 二 斗				

波瀾重疊

파란중첩

사람의 생활이나 일의 진행에 여러 가지 곤란이나 시련이 많음을 뜻해요.

실생활 적용 예시문

파란중첩한 생활이 나를 성숙하게 만들었어.

波	波				
물결 파	丶 氵 氵 汀 汃 波 波				
瀾	瀾				
물결 란	氵 氵 氵 沪 沪 門 澗 澗 澗 瀾 瀾				
重	重				
무거울 중	丿 一 台 台 旨 盲 重 重				
疊	疊				
거듭 첩	丨 冂 罒 田 田 畾 畾 畾 疊 疊 疊				

破顔大笑

파안대소

매우 즐거운 표정으로 활짝 웃음을 뜻해요.

실생활 적용 예시문

부모님의 파안대소를 오랜만에 보았어.

破	破				
깨뜨릴 파	丆 石 矽 矿 砂 破 破				
顔	顔				
낯 안	一 亠 立 产 彦 彦 顔 顔 顔				
大	大				
큰, 클 대	一 ナ 大				
笑	笑				
웃음 소	丿 ナ 竹 竺 竿 笑				

破竹之勢

파죽지세

대를 쪼개는 기세라는 뜻으로, 적을 거침없이 물리치고 쳐들어가는 기세를 이르는 말이에요.

실생활 적용 예시문

아군은 파죽지세로 적군을 이 땅에서 몰아냈다.

破	破				
깨뜨릴 **파**	ア 石 矽 矿 矿 砂 破				
竹	竹				
대 **죽**	ノ ノ ヒ ピ 竹 竹				
之	之				
갈 **지**	` ⁊ 之				
勢	勢				
형세 **세**	ー 十 土 去 查 刲 刲 刲 勢 勢				

弊袍破笠

폐포파립

해어진 옷과 부서진 갓이란 뜻으로, 초라한 차림새를 비유적으로 이르는 말이에요.

실생활 적용 예시문

이몽룡은 폐포파립의 행색을 하고 남원으로 내려왔다.

弊	弊				
폐단 **폐**	⺌ 内 肖 尚 敝 敝 弊				
袍	袍				
도포 **포**	` ⁊ 礻 礻 礽 礽 袍 袍				
破	破				
깨뜨릴 **파**	ア 石 矽 矿 矿 砂 破				
笠	笠				
삿갓 **립**	ノ ㅗ ㅗ 竹 竺 竺 竿 笠				

抱腹絕倒

포복절도

배를 그러안고 넘어질 정도로 몹시 웃음을 말해요.

실생활 적용 예시문

그 책은 몇 페이지만 읽고도 포복절도할 지경이었다.

抱	抱				
안을 **포**	十 扌 扌 抇 抇 抱				
腹	腹				
배 **복**	刀 月 庁 胪 胪 腹 腹				
絕	絕				
끊을 **절**	⺊ ㄠ 糸 糿 紒 紒 絕 絕				
倒	倒				
넘어질 **도**	ノ イ 亻 伅 伅 伂 倒				

風前燈火

풍전등화

바람 앞의 등불이라는 뜻으로, 사물이 매우 위태로운 처지에 놓여 있음을 비유적으로 이르는 말이에요.

실생활 적용 예시문

나라의 운명이 풍전등화와 같구나.

風	風					
바람 풍	) 几 凡 凡 凤 風 風					
前	前					
앞 전	丶 丷 丷 亠 岁 前 前 前 前					
燈	燈					
등 등	丶 丷 火 炏 炐 炵 燃 燈 燈 燈 燈					
火	火					
불 화	丶 丷 少 火					

風餐露宿

풍찬노숙

바람을 먹고 이슬에 잠잔다는 뜻으로, 객지에서 많은 고생을 겪음을 이르는 말이에요.

실생활 적용 예시문

그동안 동가식서가숙하면서 풍찬노숙에 가까운 생활을 했어.

風	風					
바람 풍	) 几 凡 凡 凤 風 風					
餐	餐					
밥 찬	' ト ↑ ⺈ ⺈ ⺈ 奴 努 努 孥 奴 餐 餐 餐 餐					
露	露					
이슬 노	⌐ 宀 示 示 示 示 示 示 露 露 露					
宿	宿					
잘 숙	丶 宀 宀 宀 宀 宿 宿 宿					

匹夫匹婦

필부필부

평범한 남녀를 뜻해요.

실생활 적용 예시문

부모님은 필부필부로 만나 백년가약을 맺었다.

匹	匹					
짝 필	一 丁 兀 匹					
夫	夫					
지아비 부	一 二 丰 夫					
匹	匹					
짝 필	一 丁 兀 匹					
婦	婦					
며느리 부	⺅ 女 女 女 妒 妒 婦 婦 婦					

必有曲折

필유곡절

반드시 무슨 까닭이 있음을 뜻해요.

실생활 적용 예시문

설에도 고향에 안 오셨다면 필유곡절이 있었을 거예요.

必	必				
반드시 필	`丶ソ义必必`				
有	有				
있을 유	`ノナオ有有有`				
曲	曲				
굽을 곡	`丨冂冃甶曲曲`				
折	折				
꺾을 절	`一扌扌扩折折折`				

下石上臺

하석상대

아랫돌 빼서 윗돌 괴고 윗돌 빼서 아랫돌 괸다는 뜻으로, 임시변통으로 이리저리 둘러맞춤을 이르는 말이에요.

실생활 적용 예시문

하석상대 처방은 오래가지 못해.

下	下				
아래 하	`一丁下`				
石	石				
돌 석	`一ナ丆石石`				
上	上				
윗 상	`丨卜上`				
臺	臺				
대 대	`一士吉吉臺臺臺臺`				

鶴首苦待

학수고대

학의 목처럼 목을 길게 빼고 간절히 기다림을 뜻해요.

실생활 적용 예시문

친구들을 초대할 생일날을 학수고대 기다리곤 했었다.

鶴	鶴				
학 학	`一ナオオ在隺隺錐錐鶴鶴鶴鶴`				
首	首				
머리 수	`丷丷ソ产首首首`				
苦	苦				
쓸 고	`一十十艹芐芐苦苦`				
待	待				
기다릴 대	`ノ彳彳彳件待待待`				

ㅎ

漢江投石

한강투석

한강에 돌 던지기라는 뜻으로, 지나치게 미미하여 아무런 효과를 미치지 못함을 이르는 말이에요.

실생활 적용 예시문

그 발상은 한강투석에 지나지 않아.

漢	漢				
한수 **한**	氵氵氵泔泔泄滢漢漢				
江	江				
강 **강**	丶丶氵汀江江				
投	投				
던질 **투**	一扌扌扒扒投投				
石	石				
돌 **석**	一丆丆石石				

汗牛充棟

한우충동

짐으로 실으면 소가 땀을 흘리고, 쌓으면 들보에까지 찬다는 뜻으로, 가지고 있는 책이 매우 많음을 이르는 말이에요.

실생활 적용 예시문

할아버지는 한우충동의 서재를 가지고 있어.

汗	汗				
땀 **한**	丶丶氵汀汗汗				
牛	牛				
소 **우**	丿二生牛				
充	充				
채울 **충**	丶亠云充充				
棟	棟				
마룻대 **동**	一十木木桓桓桓棟棟				

緘口無言

함구무언

입을 다물고 아무 말도 하지 아니한다는 뜻이에요.

실생활 적용 예시문

삼촌은 벙어리가 된 것처럼 함구무언이다.

緘	緘				
봉할 **함**	乄幺糸糹糽糽緘緘緘				
口	口				
입 **구**	丨冂口				
無	無				
없을 **무**	亠二無無無無				
言	言				
말씀 **언**	丶二宀言言言言				

含哺鼓腹

함포고복

잔뜩 먹고 배를 두드린다는 뜻으로, 먹을 것이 풍족하여 즐겁게 지냄을 이르는 말이에요.

실생활 적용 예시문

천하가 태평하니 그야말로 함포고복이네요.

含	含			
머금을 함	ノ 入 ハ 今 今 含 含 含			
哺	哺			
먹일 포	丨 口 口 叮 叮 哺 哺			
鼓	鼓			
북 고	一 士 吉 青 壴 壴 皷 鼓			
腹	腹			
배 복	刀 月 扩 胪 胪 腹 腹 腹			

咸興差使

함흥차사

심부름을 가서 오지 아니하거나 늦게 온 사람을 이르는 말이에요.

실생활 적용 예시문

심부름을 보낸 지가 언젠데 아직도 함흥차사인가.

咸	咸			
다 함	ノ 厂 厈 咸 咸 咸			
興	興			
일 흥	′ ′ ′ 月 門 門 舁 舁 興 興 興			
差	差			
다를 차	″ ″ ″ 羊 羊 差 差 差			
使	使			
하여금 사	亻 亻 亻 佢 使 使			

偕老同穴

해로동혈

살아서는 같이 늙고 죽어서는 한 무덤에 묻힌다는 뜻으로, 생사를 같이하자는 부부의 굳은 맹세를 이르는 말이에요.

실생활 적용 예시문

결혼식 주례사에서 흔히 듣는 말이 바로 해로동혈이랍니다.

偕	偕			
함께 해	亻 亻 亻 佧 忧 价 偕 偕			
老	老			
늙을 로	一 十 土 耂 耂 老			
同	同			
한가지 동	丨 冂 冂 同 同 同			
穴	穴			
구멍 혈	丶 宀 宀 穴			

子子單身

혈혈단신

의지할 곳이 없는 외로운 홀몸을 뜻해요.

실생활 적용 예시문

그는 일가친척이라고는 하나도 없는 혈혈단
신이다.

子	子			
외로울 혈	ァ了子			
子	子			
외로울 혈	ァ了子			
單	單			
홑 단	ヽ ㅆ 吅 罒 單 單			
身	身			
몸 신	′ ィ ㄇ ㄇ 自 身 身			

螢雪之功

형설지공

반딧불이, 눈과 함께 하는 노력이라는
뜻으로, 고생을 하면서 부지런하고 꾸준
하게 공부하는 자세를 이르는 말이에요.

실생활 적용 예시문

그는 형설지공으로 공부에 매진하였다.

螢	螢			
반딧불이 형	ヽ ゛ ナ ツ ㅆ 炏 烧 燃 螢 螢			
雪	雪			
눈 설	ー ♪ 声 雫 雫 雪 雪 雪			
之	之			
갈 지	ヽ ㇇ 之			
功	功			
공 공	ー T エ 功 功			

好事多魔

호사다마

좋은 일에는 흔히 방해되는 일이 많음. 또
는 그런 일이 많이 생긴다는 뜻이에요.

실생활 적용 예시문

호사다마라더니 좋은 날에 갑자기 사고가
뭐야.

好	好			
좋을 호	く 女 女 女 好 好			
事	事			
일 사	ー 一 日 写 写 写 事			
多	多			
많을 다	′ ク 夕 タ 多 多			
魔	魔			
마귀 마	广 广 广 庐 庐 庐 磨 磨 磨 魔 魔			

浩然之氣

호연지기

사람의 마음에 차 있는 너르고 크고 올바른 기운을 말해요.

실생활 적용 예시문

화랑들은 산과 들을 누비며 호연지기를 키웠다.

浩 넓을 호	浩	丶 氵 汢 浩 浩 浩 浩			
然 그럴 연	然	夕 夕 夕 夕 然 然 然 然			
之 갈 지	之	丶 ゥ 之			
氣 기운 기	氣	气 气 气 氣 氣 氣 氣			

魂飛魄散

혼비백산

혼백이 어지러이 흩어진다는 뜻으로, 몹시 놀라 넋을 잃음을 이르는 말이에요.

실생활 적용 예시문

대포를 쏘는 바람에 혼비백산이 된 적군이 달아나 버렸어.

魂 넋 혼	魂	二 云 动 动 动 魂 魂			
飛 날 비	飛	乁 乁 飞 飞 飛 飛 飛 飛 飛			
魄 넋 백	魄	丿 白 白 白 的 的 的 魄 魄			
散 흩을 산	散	艹 芷 背 背 背 散 散			

忽顯忽沒

홀현홀몰

문득 나타났다 문득 없어짐을 뜻해요.

실생활 적용 예시문

광풍이 안개를 헤칠 때마다 홀현홀몰하는 영봉을 보는 것도 가히 장관이야.

忽 갑자기 홀	忽	丿 勹 勿 勿 忽 忽			
顯 나타날 현	顯	丶 口 日 旦 显 昰 昊 顥 顯 顯			
忽 갑자기 홀	忽	丿 勹 勿 勿 忽 忽			
沒 빠질 몰	沒	丶 氵 氵 氵 沒 沒 沒			

畵龍點睛

화룡점정

무슨 일을 하는 데에 가장 중요한 부분을 완성함을 비유적으로 이르는 말이에요.

실생활 적용 예시문

판소리로 화룡점정을 한다면 어떤 식으로 진행이 될까?

畵	畵				
그림 화	ㄱ ㄱ ㄱ ㄱ 圭 聿 畫 畵 畵 畵 畵				
龍	龍				
용 룡	ㄴ ㅗ ㅎ ㅎ ㅎ ㅎ 龍 龍				
點	點				
점 점	ㅁ ㅁ 里 黑 點 點 點				
睛	睛				
눈동자 정	ㅣ ㄲ 目 目 旷 睛 睛 睛 睛				

花容月態

화용월태

아름다운 여인의 얼굴과 맵시를 이르는 말이에요.

실생활 적용 예시문

작가는 자신의 화용월태 작품을 설명하고 있다.

花	花				
꽃 화	ㄱ ㅜ ㅛ ㅛ ㅊ 花 花				
容	容				
얼굴 용	ㄱ ㄱ ㅠ 突 突 容 容 容				
月	月				
달 월	ㅣ ㄲ 月 月				
態	態				
모습 태	ㅗ ㅑ ㅑ ㅑ 能 能 能 態 態				

畵中之餠

화중지병

그림의 떡을 말해요.

실생활 적용 예시문

우리 처지로서는 화중지병이지 무슨 소용이야.

畵	畵				
그림 화	ㄱ ㄱ ㄱ ㄱ 圭 聿 畫 畵 畵 畵 畵				
中	中				
가운데 중	ㅣ ㅁ ㅁ 中				
之	之				
갈 지	ㅣ ㅈ 之				
餠	餠				
떡 병	ㄱ ㄱ ㅅ ㅅ 會 會 會 會 館 餠 餠				

後生可畏

후생가외

젊은 후학들을 두려워할 만하다는 뜻으로, 후학들이 학문을 닦음에 따라 선배들보다 큰 인물이 될 수 있어 가히 두렵다는 말이에요.

실생활 적용 예시문

뛰어난 후배들이 점점 많아져 후생가외라는 말을 실감하게 된다.

後	後				
뒤 후	ノ ノ 彳 彳 泌 泌 後 後				
生	生				
날 생	ノ ノ 스 生 生				
可	可				
옳을 가	一 丁 可 可 可				
畏	畏				
두려워할 외	口 田 田 田 田 畏 畏 畏				

興亡盛衰

흥망성쇠

흥하고 망함과 성하고 쇠함을 뜻해요.

실생활 적용 예시문

모든 일에는 흥망성쇠가 있다.

興	興				
일 흥	′ ′ ′ ′ 卯 卯 卯 卯 卿 興 興				
亡	亡				
망할 망	` 亠 亡				
盛	盛				
성할 성	ノ 厂 厂 戌 成 成 成 盛 盛				
衰	衰				
쇠할 쇠	亠 亠 吂 声 声 声 衰				

喜怒哀樂

희로애락

기쁨과 노여움과 슬픔과 즐거움을 아울러 이르는 말이에요.

실생활 적용 예시문

아버지는 좀처럼 희로애락을 낯빛에 나타내지 않으신다.

喜	喜				
기쁠 희	一 十 士 吉 吉 直 喜				
怒	怒				
성낼 로(노)	ㄴ ㄠ 女 女 怒 怒				
哀	哀				
슬플 애	亠 亠 古 声 声 哀				
樂	樂				
즐길 락(낙)	′ ㄠ 幼 妼 始 絊 絊 樂 樂				